중년을 위한 명심보감

중년을 위한 명심보감

발행일 초판 1쇄 2022년 5월 15일 | **지은이** 범입본 | **옮긴이** 박동욱
펴낸곳 북드라망 | **펴낸이** 김현경 | **주소** 서울시 종로구 사직로8길 24 1221호(내수동, 경희궁의아침 2단지)
전화 02-739-9918 | **이메일** bookdramang@gmail.com

ISBN 979-11-92128-13-9 03190

책으로 여는 지혜의 인드라망, 북드라망 **www.bookdramang.com**

중년을 위한 명심보감

범입본 지음

박동욱 옮김

BookDramang
북드라망

머리말

『명심보감』은 이미 수십 종이 출간된 바 있다. 이번 책에서는 기존 책에 보이는 번역의 오류를 수정하고 가독성을 높이려고 노력하였다. 거기에 일반인들이 읽기 쉽게 평설을 덧붙였다. 『명심보감』은 일반적으로 아이들을 위한 교육서로 알려져 있다. 한문이 그다지 어렵지 않기 때문에 초심자들에게 권했을 뿐 담긴 내용은 나이 든 사람도 새겨들을 말들이 적지 않다.

『명심보감』은 인간의 길에 관한 이야기다. 기본적으로 선행善行을 바탕으로 하늘에 순명順命할 것을 강조했다. 순명이란 운명주의와 다르다. 내가 선행을 바탕으로 내 할 도리를 다하고 나머지는 하늘의 뜻에 전적으로 맡기는 것이다. 여기에는 하늘이 끝내 내 편이 되어 주리라는 긍정적인 믿음이 깔려 있는 것이니, 우리 같은 평범한 사람들에게는 적잖은 위로가 되어 준다.

또, 타인보다 자신에게 집중할 것을 주문하고 있다. 자신에게는 엄격하고 남에게는 관대해야 한다. 무엇보다 자신을 더 좋은 사람으로 만들기 위해서 노력해야 함을 역설했다. 그러려면 자신의 분수를 알고 남을 용서하며, 감정을 조절해야 한다. 이외에도 근학勤學을 강조했다. 특히 「성심편」省心篇은 전체 분량의 3분의 1이나 차지하고 있는데 자성自省과 반성反省의 내용이 주를 이룬다.

인간관계의 기본은 부모와 자식 사이이다. 부모에게는 효도하고 자식은 훈도訓導해야 한다. 여기에서 부부와 형제 관계 등으로 점차 확장해 나간다. 가족을 통해 이 세상 사람들과 만날 사전 준비를 하는 셈이다. 원칙을 정해 치가治家를 하다 보면 치정治政도 어렵지 않게 이루어질 수 있다. 이처럼 『명심보감』에서는 크게 가족과 타인과의 관계에 대해 말하고 있다. 인간관계에 여러 가지 요소가 필요하겠지만 특히 예절과 말을 강조하였다.

중년의 나이는 어설픈 청년의 시기를 지나 쇠락하는 노년의 시기를 기다리는 때이다. 중년이 되면 인간과 사회에 대해서 지나친 낙관도 비관도 하지 않게 된다. 그야말로 객관적으로 냉정하게 세상을 바라볼 적기인 셈이다. 필자도 중년의 나이에 접어들었다. 여러모로 어려울 때 이 책을 꺼내 하루에 몇 개씩 새로 번역하고 평설을 달아 가면서 적잖은 위로를 받았다. 제목에 중년을 붙였지만, 내용은 중년의 독자뿐 아니라 청년과 노년의 독자들도 함께 읽기에 부족하지 않다.

　노력하면서 좌고우면左顧右眄하지 않으면 그 밖의 나머지 것들은 보상처럼 따라올 것이라 기대했다. 부족한 능력 탓인지 인복이 부족해서였는지 그러한 일은 내게 찾아오지 않았다. 무명 배우가 인터뷰에서 한국을 떠나 이민을 가고 싶었다는데, 그 마음을 이제야 이해할 수 있을 것 같다. 어느 영화 댓글에 "봄을 기다리는 겨울 같은 시절이 지나고 보니, 그 겨울이 봄이었구나"라고 쓰여 있었다. 이때가 지나고 나면 지금 이 시절을 봄으로 기억하는지 모르겠지만, 겨울은 너무나 길고도 춥다.

2022년 4월 10일

벚꽃이 만개한 날에 옮긴이가 쓴다.

1부.

계선편 繼善篇

착하게
살아라

1

※

공자孔子가 말씀하였다. "착한 일을 하는 사람에게는 하늘이 복으로 보답하고, 못된 일을 하는 사람에게는 하늘이 재앙으로 보답한다."

子曰 爲善者 天報之以福 爲不善者 天報之以禍
자왈 위 선 자 천 보 지 이 복 위 불 선 자 천 보 지 이 화

【평설】 이 글은 『공자가어』孔子家語 「재액」在厄편에 수록되어 있다. 하늘이 있다면 착한 사람은 복을 받고 악한 사람은 벌을 받아야 한다. 그러나 현실은 꼭 그렇지만 않다. 악하게 살면서도 평생 호의호식하기도 하고 착하게 살면서도 언제나 불우하기도 한다. 그렇지만 착하게 살다 보면 하늘은 알아주시겠지 하는 소박한 믿음이 현실의 간난艱難을 버티게 하는 힘이 된다. "악한 끝은 없어도 선한 끝은 있다"는 말이 있다. 착하게만 살다 보면 언제든 보상이 있을 거라는 말이다.

세상은 끝내 야속하게 외면하더라도, 하늘은 복과 재앙으로 합리적인 보상을 가져다줄 것이란 기대까지 품게 된다. 그러면서 착한 일은 계속 이어 가게 되고 못된 일은 차츰 줄여 나갈 수 있다. 사실, 하늘 역시 선악의 행위로써 현실적인 보상을 가져다주지는 않는다.

13세기 중동에 '나스레딘'(Nasreddin)이란 이슬람의 현자賢者가 살았다고 한다. 하루는 아이들이 호두가 든 봉지를 들고 찾아와 그에게 나눠 줄

것을 부탁했다. 그는 "신神의 방식으로 나눠 줄까? 인간의 방식으로 나눠 줄까?"라고 물었다. 아이들은 '신의 방식'으로 나눠 달라고 했다. 그래서 한 아이는 세 개, 다른 아이는 다섯 개를 주었고 어떤 아이는 한 개도 주지 않았다. 아이들이 볼멘소리로 투정을 부리자 그가 입을 열었다. "균등하게 나눠 주는 것은 인간의 분배 방식이야. 신神은 균등한 분배를 하지 않는다. 그것이 인간을 사랑하는 신의 방식이다."

중년이 되면 기대에 대한 보상이 다르다는 사실을 깨닫게 된다. 그래서 삶에 대해서 특별히 기대를 갖지 않아야 함도 배운다. 잘 산다고 꼭 복이 오지는 않지만 그렇다고 잘 사는 일을 포기할 수는 없지 않은가?

2

한漢나라 소열황제昭烈皇帝가 장차 죽으려고 할 때에 후주後主인 유
선劉禪에게 신신당부하여 말하였다. "선이 사소하다 하여 하지 않
아서는 안 되고, 악이 사소하다 하여 해서는 안 된다."

漢昭烈 將終 勅後主曰 勿以善小而不爲 勿以惡小而爲之
한 소 열 장 종 칙 후 주 왈 물 이 선 소 이 불 위 물 이 악 소 이 위 지

【평설】 이 글은 『삼국지』三國志와 『소학』小學 「가언」嘉言에 나온다. 유비가
세상을 뜨기 전에 아들인 유선劉禪에게 당부한 말이다. 이때 유선의 나이
열일곱 살이었다. 유선은 어리석기 짝이 없는 인물로 군주가 되기에는
자질이 턱없이 부족했다. 유비는 죽음을 앞두고 아무래도 마음이 놓이지
않았는지 제갈량을 불러 아들의 미래를 당부한다. 유선이 시원찮으면 황
제의 지위를 제갈량이 대신 맡아도 된다는 취지였다. 그러면서도 탁고대
신託孤大臣은 제갈량과 이엄 두 사람을 두었다. 딴짓을 하지는 않는지 서
로 견제하면서 유선을 잘 보필하라는 속내였다. 그러나 결국 유선은 나
라를 망하게 한 망국의 군주가 되었다.

사소한 선이라도 하찮게 여기지 말고 실천해야 한다. 선이란 크기의 정
도보다 실행의 빈도가 더 중요한 법이다. 사소한 선이라도 반복적으로
실천하다 보면 어느새 몸에 무젖어 좋은 습관으로 자리 잡게 된다. 반면
사소한 악이라도 절대 저질러서는 안 된다. 악한 일은 일단 한 번 하기

시작하면, 멈출 수 없기 마련이다. 그러니 선한 일은 어떤 것이라도 해야 하고 악한 일은 어떤 것이라도 하지 말아야 한다. 유비는 아들이 착한 일을 해서 목숨이라도 부지했으면 하는 최소한의 바람을 가지고 있었다. 유선은 나라는 지키지 못했지만 목숨은 지킬 수 있었다. 아버지의 바람은 절반만 이루어진 셈이다.

장자莊子가 말하였다. "하루라도 선善한 일을 생각하지 아니하면 온갖 악惡한 생각들이 저절로 일어난다."

莊子曰 一日不念善 諸惡 皆自起
장 자 왈 일 일 불 념 선 제 악 개 자 기

【평설】 이 글은 『장자』에는 나오지 않는다. 사람들은 선한 일을 하지 않아도 나쁜 일만 저지르지 않는다면 그래도 괜찮은 정도라고 생각한다. 그러나 선한 일을 하지 않는 것은 답보가 아니라 퇴보와 같다. 악한 생각을 누르는 최선의 방법은 선행의 실천이다.

4

태공太公이 말하였다. "착한 일을 보았을 때는 갈증이 나는 듯이
하고, 악한 일을 들었을 때는 귀머거리처럼 해야 한다." 또 말하였
다. "착한 일은 모름지기 탐내야 하고, 악한 일은 즐기지 말라."

太公曰 見善如渴 聞惡如聾 又曰 善事 須貪 惡事 莫樂
태 공 왈 견 선 여 갈 문 악 여 롱 우 왈 선 사 수 탐 악 사 막 락

【평설】 강태공은 미끼 없는 낚시로 세월을 낚았다던 유명한 인물이다.
그는 이렇게 말했다. 목마를 때 물을 찾는 간절한 마음으로 착한 일을 찾
아 나서고, 귀가 안 들리는 귀머거리처럼 악한 일은 모르는 척해야 한다.
또, 착한 일은 탐내는 것처럼 찾아 나서고 악한 일은 즐겁지 않은 것처럼
대한다. 자신은 악한 일을 저지르지 않았기 때문에 적어도 착하다고 생
각하는 것은 스스로에 대한 위로일 뿐이다. 그동안 선한 일에 대해서는
무신경했고 악한 일에 대해서는 남의 일로 여겼다. 더 절실하게 착한 일
을 가까이하고 더 간절하게 악한 일을 멀리하자고 다짐해 본다.

마원馬援이 말하였다. "평생 동안 선한 일을 행하더라도 선한 일은 여전히 부족하지만, 단 하루만 악한 일을 저지르더라도 악은 저절로 남아 있게 된다."

馬援曰 終身行善 善猶不足 一日行惡 惡自有餘
마 원 왈 종 신 행 선 선 유 부 족 일 일 행 악 악 자 유 여

【평설】 마원馬援은 중국 후한後漢 때의 대단한 장군이었다. 일명 복파장군伏波將軍으로 불렸는데 이민족 토벌에 많은 공을 세웠다. 대기만성大器晚成, 화호유구畵虎類狗, 노익장老益壯, 과혁지시裹革之屍 등 그와 관련된 고사성어도 많다. 평생 동안 선행을 쌓는다 해도 충분치 않지만, 단 한 번이라도 악행을 저지르면 영원히 나쁜 이름이 남는 법이다. 선한 일은 티가 안 나도 악한 일은 금세 티가 난다. 그러니 죽는 순간까지 선행은 찾아 나서고 악행은 피해야 한다. 한 번의 실수로 저지른 일이 온전히 그의 인생으로 평가될 수도 있다.

6

사마온공司馬溫公이 말했다. "돈을 모아 자손에게 남겨 준다 해도 자손이 반드시 다 지킬 수는 없고, 책을 모아 자손에게 남겨 준다 해도 자손이 반드시 다 읽을 수는 없다. 그러니 남모르는 가운데 덕德을 쌓아서 자손을 위한 계책으로 삼는 것만 못하다."

司馬溫公曰 積金以遺子孫 未必子孫能盡守 積書以遺子孫
사 마 온 공 왈 적 금 이 유 자 손 미 필 자 손 능 진 수 적 서 이 유 자 손

未必子孫能盡讀 不如積陰德於冥冥之中 以爲子孫之計也
미 필 자 손 능 진 독 불 여 적 음 덕 어 명 명 지 중 이 위 자 손 지 계 야

【평설】 사마온공司馬溫公은 『자치통감』資治通鑑을 쓴 사마광司馬光이다. 그는 자식들에게 진정 남겨 줄 것에 대해 말했다. 유산遺産은 양날의 검이다. 자식들에게 탄탄한 기반을 손쉽게 가져다주기도 하지만, 자립의 의지를 빼앗아가기도 한다. 나의 노력을 통해 얻은 것이 아니면 지키려는 의지도 그만큼 약해질 수밖에 없다. 자식을 위해 남긴 재산이 후손들에게는 오히려 방탕한 생활의 촉매제가 될 수도 있다. 어디 그뿐인가. 유산은 가족의 분란을 가져다주기 십상이다. 애초에 남겨 줄 유산이 존재하지 않으면 원망도 없겠지만, 많든 적든 재산이 조금이라도 있다 치면 부모의 어설픈 분배에 가족은 그야말로 남보다 못한 사이가 된다. 책도 이와 다르지 않다. 조선의 이름난 장서가藏書家들의 수만 권에 달하는 책들도 삼 대만 내려가면 고서상의 손으로 들어갔다. 그러니 평생 책에 남

의 손때가 묻을까 봐, 빌려주었다 못 받을까 봐, 전전긍긍해 봤자 헛짓일 뿐이다. 책을 남겨 주는 것이 아니라 책 읽는 습관을 가르치고 책 읽는 모습을 보여 주어야 한다.

후손을 위한답시고 남겨 준 재물이나 물건이 심한 경우에는 약이 아니라 독이 되기도 한다. 제 물건과 재산은 제 힘으로 모으게 해야 한다. 그렇다면 자손들에게 물려줄 것은 무엇인가? 음덕陰德, 곧 남모르게 좋은 일을 하는 것이다. 그런 일을 축적하다 보면 자신에게 복이 오지 않더라도 자식이나 손자에게 복이 가게 된다. 부모의 선행을 지켜보는 아이들이 삐뚤게 성장할 리 만무하다. 정말 남겨 주어야 할 것은 바로 올바르게 잘 사는 삶의 방식이다.

『경행록』景行錄에서 말하였다. "은정恩情을 널리 베풀어라. 사람이 어느 곳에 살든지 서로 만나지 않겠는가? 원한을 맺지 말아라. 길을 가다가 좁은 곳에서 만나면 피하기 어렵다."

景行錄曰 恩義 廣施 人生何處不相逢 讐怨 莫結 路逢狹處難回避
경 행 록 왈 은 의 광 시 인 생 하 처 불 상 봉 수 원 막 결 노 봉 협 처 난 회 피

【평설】『경행록』은 지금 전하지 않는 책이다. 비슷한 내용이『비파기』琵琶記와『증광현문』增廣賢文에 나온다. 어느 구름에서 비가 올지 모른다. 비올 곳만 찾아 다니다가는 비 내릴 곳만 피하게 된다. 나에게 득이 될 사람에게만 잘하고 득 될 것이 없는 사람에게 함부로 대하는 것은 하수下手의 처세處世이다. 은정恩情은 이 사람 저 사람을 가리지 말고 여기저기 베풀어야 한다. 반면에 의견 충돌이 일어나거나 잇속이 맞지 않았다고 다른 사람과 원한을 맺는 일은 절대로 해서는 안 된다. 남하고 인연을 시작할 때에 최소한의 규칙이 있는 것처럼 남하고 끝낼 때도 최소한의 규칙이 있어야 한다. 서로 관계가 틀어졌다고 상대방이 앙심을 품게 할 만큼 모질게 대해서는 안 된다. 그러니 상종할 수 없는 인간이라도 적당한 선에서 인간관계를 마무리져야 된다.

스몰 월드 효과(Small World Effect)란 말이 있다. 임의로 뽑아낸 두 사람도 여섯 다리만 건너면 다 아는 처지라는 것이다. 특히 한국처럼 좁은 나

라에서는 더더욱 그러하다. 상대방에 대해 알려고 마음만 먹고 몇 사람만 통하게 되면 대개 상대방에 대한 정보를 알아낼 수 있다. 그러니 나쁜 평판은 금세 퍼져 공론公論이 되고 만다. 만나는 사람마다 정성껏 최선을 다해야 한다. 누구나 아는 사실이지만 막상 실천하자면 쉽지 않다.

장자가 말하였다. "나에게 잘 대해 주는 사람에게도 나 또한 잘 대해 주고, 나에게 함부로 대하는 사람에게도 나 또한 잘 대해 주어야 한다. 내가 이미 남에게 함부로 대한 일이 없으면, 남도 나에게 함부로 대하지 않을 것이다."

莊子曰 於我善者 我亦善之 於我惡者 我亦善之 我旣於人 無惡
장 자 왈 어 아 선 자 아 역 선 지 어 아 악 자 아 역 선 지 아 기 어 인 무 악
人能於我 無惡哉
인 능 어 아 무 악 재

【평설】 나에게 잘 대해 주는 사람을 잘 대해 주기란 어렵지 않다. 누구나 자신과 취향이 맞거나 잘해 주는 사람들하고는 사이가 좋다. 그러나 이 세상은 나하고 다른 취향의 사람이나 나한테 잘하지 않는 사람과도 함께 지낼 수밖에 없다. 나에게 함부로 하는 사람에게 잘 대해 주는 일은 누구나 하기 쉽지 않다. 그러나 싫어하는 사람과 잘 지내는지의 여부가 그 사람의 인격을 말해 준다. 서양에서는 "눈에는 눈, 이에는 이"라는 말이 말해 주는 것처럼 이원보원以怨報怨(원한으로써 원한을 갚는다)을 중시하지만, 동양에서는 이덕보원以德報怨(덕으로써 원한을 갚는다)을 강조한다.

따지고 보면 대인관계에서의 문제는 상대방보다 나에게 기인한다. 남이 나를 함부로 대하는 것이 온전히 그 사람의 나쁜 성품에서 기인하는 것

이 아니라, 사실은 내가 무심코 저지른 행동이 빌미가 된 경우가 많다. 그러니 내가 남에게 함부로 대하지 않았다면 남이 나한테 그렇게 대할 턱이 없는 것이다. 그동안 나는 사람들을 어떻게 대하고 있었는지 자문해 본다.

동악성제東嶽聖帝의 수훈垂訓에 이렇게 말했다. "하루 동안 선한 일을 행하면 복은 비록 찾아오지는 아니하나 화는 저절로 멀어질 것이요, 하루 동안 악한 일을 행하면 화는 비록 찾아오지는 아니하나 복은 저절로 멀어질 것이다. 선한 일을 행하는 사람은 봄 동산의 풀과 같아서 자라나는 것을 볼 수 없으나 날마다 자라나는 것이 있고, 악을 행하는 사람은 칼을 가는 숫돌과 같아 닳아 없어지는 것을 볼 수 없으나 날마다 줄어듦이 있다."

東嶽聖帝垂訓曰 一日行善 福雖未至 禍自遠矣 一日行惡 禍雖未至
동 악 성 제 수 훈 왈 일 일 행 선 복 수 미 지 화 자 원 의 일 일 행 악 화 수 미 지

福自遠矣 行善之人 如春園之草 不見其長 日有所增 行惡之人
복 자 원 의 행 선 지 인 여 춘 원 지 초 불 견 기 장 일 유 소 증 행 악 지 인

如磨刀之石 不見其損 日有所虧
여 마 도 지 석 불 견 기 손 일 유 소 휴

【평설】 동악성제는 산신山神의 이름이다. 수훈은 후세에 전하는 교훈을 이르는데, 기독교에서의 산상수훈山上垂訓도 같은 의미다. 선한 일이나 악한 일이나 하루 한다고 해서 복이나 화가 찾아오지는 않는다. 그러나 아무렇지도 않게 하루에 행했던 선한 일이나 악한 일이 화나 복으로 향한 거리를 점점 멀게 해준다. 선한 일은 봄풀처럼 무시로 조금씩 자라나고, 악한 일은 숫돌처럼 조금씩 닳아 없어진다. 특히 악한 일의 경우는 지금 당장 티가 나지 않는다고 무심코 저질렀다가는 종국에 낭패를 보게

된다. 당장 보이지 않는다고 작은 선도 실천하지 않고 작은 악도 저지를

수 있다. 그러나 보이지 않는다고 아무 일도 벌어지지 않은 것은 아니다.

중년의 나이는 그동안 살면서 해왔던 선한 일이나 악한 일의 의미를 절

실히 깨닫는 시점이다. 그동안 무심코 저질렀던 악한 일은 단호히 하지

않고 드문드문 해왔던 선한 일은 계속 이어 나가겠다고 다짐해 본다.

공자가 말하였다. "선한 일을 보게 될 때에는 거기에 못 미치는 것 같이 여기고, 선하지 않은 일을 보게 될 때에는 끓는 물을 손으로 만지는 것처럼 여겨야 한다."

子曰 見善如不及 見不善如探湯
자 왈 견 선 여 불 급 견 불 선 여 탐 탕

【평설】 이 글은 『논어』 「계씨」季氏편에 나온다. 어떤 덕목은 절대치는 존재치 않고, 근사치만 존재하는데 선행이 그러하다. 자신은 최선을 다했다 하지만 여전히 미진한 것이 있고 더할 여지가 있기 마련이다. 누군가의 선행을 볼 때 가장 나쁜 태도는 선행을 베푸는 사람의 진위를 의심하는 태도다. 선행은 그것이 위선일지라도 하지 않는 것보다 하는 것이 좋다. 남의 선행을 보면 나는 왜 거기에 미치지 못할까 하며 더욱 발분發憤하는 마음을 가지고, 남의 악행을 보게 되면 절대로 하지 않겠다는 반면교사反面教師로 삼아야 한다. 〈아름다운 세상을 위하여〉(Pay It Forward, 2000)라는 영화가 있다. 이 영화에는 트레버라는 남자아이가 등장하는데, 그 아이가 이런 말을 한다. "내가 세 명을 도와주고, 또 그 세 사람이 각자 세 명씩 도와주는 식으로 선행을 계속해 간다면 사회가 아름다워질 것입니다." 이런 방식을 취한다면 금세 세상은 선행으로 넘쳐 나지 않을까?

2부.

천명편 天命篇

하늘의
뜻대로
살자

1

맹자孟子가 말하였다. "하늘의 뜻을 따르는 사람은 살아남고, 하늘의 뜻을 어기는 사람은 망한다."

孟子曰 順天者 存 逆天者 亡
맹 자 왈 순 천 자 존 역 천 자 망

【평설】 이 글은 『맹자』 「이루 상」離婁上에 나온다. 제대로 이해하려면 『맹자』에 나오는 전체 글을 살펴볼 필요가 있다. "천하에 도가 있을 때에는 소덕小德이 대덕大德에게 부려지고 소현小賢이 대현大賢에게 부려지며, 천하에 도가 없을 때에는 나라가 작은 자가 나라가 큰 자에게 부려지고 약자가 강자에게 부려진다. 이 두 가지는 하늘(이치와 형세)이니, 하늘의 뜻을 따르는 사람은 살아남고 하늘의 뜻을 어기는 사람은 망한다."

세상에 도가 있는지의 여부에 따라 기준이 덕德과 힘[力]으로 갈린다. 그러니 지금 세상의 현 상태를 제대로 진단하는 지혜가 필요하다. 그것을 잘 판단하여 행동하는 사람은 살아남지만 그렇지 않은 사람은 살아남을 수 없다. 「어부사」漁父辭에 나오는 세상의 변화에 맞추어 함께 변화해 간다는 여세추이與世推移도 크게 보면 이와 다를 바 없는 말이다. 하늘의 뜻을 따를 것인가? 인간의 뜻을 따를 것인가?

2

소강절邵康節 선생이 말하였다. "하늘의 들으심이 고요하여 소리가 없으니 푸르고 푸른데 어느 곳에서 찾을 것인가. 높지도 않고 또한 멀지도 않은 곳에 있으니, 모두가 다만 사람의 마음속에 있을 뿐이다."

康節邵先生曰 天聽寂無音 蒼蒼何處尋 非高亦非遠 都只在人心
강 절 소 선 생 왈 천 청 적 무 음 창 창 하 처 심 비 고 역 비 원 도 지 재 인 심

【평설】 이 글은 『이천격양집』伊川擊壤集 권12 「천청음」天聽吟에 나온다. 소강절邵康節은 중국 송대宋代의 유학자儒學者 소옹邵雍(1011~1077)이다. 강절은 그의 시호인데 상수학象數學의 대가로 알려져 있다.

하늘은 인간의 행위에 곧바로 반응하지 않는다. 그래서 하늘을 어디에서 찾을 수 있을지 아득하기 짝이 없다. 그런데 정답은 의외로 가까운 곳에 있다. 하늘은 곧 내 마음속에 있을 뿐이다. 유교는 외재적인 존재에게서 인간의 구원이나 해방에 대한 해답을 구하지 않는다. 내 마음이 밝아지면 그것이 하늘에 곧바로 오를 수 있는 길이다. 중년의 나이는 하늘을 마음속 가까이에 두기 적당한 나이다.

3

현제玄帝의 수훈垂訓에 이렇게 말하였다. "사람들끼리 소곤거리더라도 하늘이 듣는 것은 우렛소리처럼 커다랗게 들리고, 깜깜한 방 안에서 마음을 속인다 할지라도 귀신의 눈이 보는 것은 번개처럼 환히 보인다."

玄帝垂訓曰 人間私語 天聽 若雷 暗室欺心 神目 如電
현 제 수 훈 왈 인 간 사 어 천 청 약 뢰 암 실 기 심 신 목 여 전

【평설】 현제玄帝는 도가 관련 인물로 추정된다. 하늘은 인간 세상을 다 듣고 다 본다. 우리끼리 비밀스럽게 나눈 이야기라도 하늘은 환히 다 듣고 있으며, 어두운 방에서 내 자신의 마음을 속인다 하더라도 하늘은 환히 다 보고 있다. 어디 하늘만 그러한가. 다른 사람도 다 알아보기 마련이다.

밤중에 왕밀王密이 양진楊震을 찾아와 황금 10근을 바쳤는데 양진이 사양하자, 이에 왕밀이 말하였다. "밤이라 아무도 알 사람이 없습니다."

그러자 양진이 "하늘이 알고 귀신이 알고 내가 알고 자네가 아니, 어찌 알 사람이 없다고 하는가"天知神知我知子知 何謂無知라고 말하며 끝내 뇌물을 사양했다.

이 세상에 누구를 속일 수 있다는 생각만큼 어리석은 생각도 없다. 그래서 옛날에는 자기 혼자 있을 때에도 도리에 어그러짐이 없도록 몸가짐을

바로 하고 언행을 삼가는 신독愼獨을 중요한 수신修身의 방식으로 택했다. 하늘과 남은 물론이거니와 자신마저도 속이려 하지 않아야 한다. 애초부터 속일 수 없는 일이니 속이려는 시도조차 하지 말자. 나에게 떳떳하면 다른 모든 것에게 떳떳할 수 있는 것이며, 나에게 떳떳하지 못하면 다른 모든 것에게 떳떳할 수 없다.

『익지서』에는 이러한 말이 있다. "악의 그릇이 가득 차게 되면, 하늘이 반드시 징벌한다."

益智書云 惡鑵 若滿 天必誅之
익 지 서 운 악 관 약 만 천 필 주 지

【평설】『익지서』益智書는 송宋나라 때 책으로 알려져 있으나 지금은 전하지 않는다. 이 말의 출전에 대해서는 다른 『명심보감』 번역서에서 언급한 바가 없는데, 다음의 기록이 이와 매우 유사하다. 『서경』書經 「태서」泰誓에 "상나라의 죄가 천지에 가득 차 있기에, 하늘이 나에게 명하여 주벌誅伐하게 하시니, 내가 하늘의 뜻을 순종하지 않으면 그 죄가 주왕紂王과 같을 것이다"商罪貫盈, 天命誅之, 予弗順天, 厥罪惟鈞라고 나온다. 또 비슷한 의미로 죄악관영罪惡貫盈이란 말로도 쓰인다.

악행을 한두 번 저지른다고 곧바로 벌을 받지는 않는다. 그러나 악행이 반복적으로 일어나 임계점을 넘으면 하늘은 반드시 벌을 내린다. 악인이 세상에서 단죄받지 않는 일에 대한 위로와 위안이 담긴 말이다. 나쁜 놈은 벌을 받아야 하고 꼭 벌을 받게 된다고 믿고 싶다.

5

장자가 말하였다. "만일 사람이 좋지 않은 일을 저지르고서도 이름이 세상에 알려진 사람은 다른 사람이 비록 해치지 않는다 하더라도 하늘이 반드시 죽일 것이다."

莊子曰 若人 作不善 得顯名者 人雖不害 天必戮之
장 자 왈 약 인 작 불 선 득 현 명 자 인 수 불 해 천 필 륙 지

【평설】『장자』에 비슷한 글이 나오기는 하나, 위의 글과는 많은 차이가 있다. 좋지 않은 일을 저질렀다면 세상에 지탄을 받아야 마땅한데, 오히려 저명한 인사가 되기도 한다. 세상에는 어처구니없는 인격과 실력으로 감당할 수 없는 자리를 차지하고 있는 경우도 많다. 선하게 사는 사람들은 맥이 빠지는 일이 아닐 수 없다.

유독 『명심보감』에는 하늘이 악인을 단죄할 것이란 이야기가 많이 나온다. 악인에 대한 단죄와 처벌은 하늘에게 온전히 맡겨 두고, 자신의 수신 修身에 집중하라는 숨겨진 메시지를 담은 셈이다.

6

오이를 심으면 오이를 얻고, 콩을 심으면 콩을 얻는다. 하늘의 그물이 넓고 넓어서 성긴 것 같으나 새지 않는다.

種瓜得瓜 種豆得豆 天網恢恢 踈而不漏
종 과 득 과 종 두 득 두 천 망 회 회 소 이 불 루

【평설】 이 글의 후반부는 『노자』老子 73장의 "하늘의 그물은 넓고 넓어서 성글지만 놓치지 않는다"天網恢恢 疎而不失에서 따온 것이다. 콩 심은 데 콩이 나고 팥 심은 데 팥이 난다. 원인이 있으면 반드시 타당한 결과가 있기 마련이다. 하늘이 세상 일에 대해 너무나 느긋하게 개입하거나 아예 모른 척하는 것을 보게 되면, 하늘의 그물[天網]이 아주 촘촘하지 못하여 악인과 악행들이 전부 다 빠져나가는 것처럼 보인다. 그러나 그것은 철저히 인간의 관점으로 하늘을 바라봤기 때문이다. 나쁜 일을 저지르면 언젠가는 꼭 그 성긴 그물에 걸리게 되어 응징을 받게 된다. 결론적으로는 (그물코는 성기지만) 빠뜨리지 않는 데에 방점이 찍힌 말이다.

7

공자가 말하였다. "하늘에 죄를 얻으면 어디에도 빌 곳이 없다."

子曰 獲罪於天 無所禱也
자 왈 획 죄 어 천 무 소 도 야

【평설】 이 글은 『논어』「팔일」八佾에 나온다. 衛나라의 실권자인 왕손가王孫賈가 "아랫목 귀신과 같은 왕에게 잘 보이려 하기보다는, 차라리 부엌 귀신처럼 실권을 쥔 나에게 잘 보여라"라고 말하자, 공자가 "하늘에 죄를 지으면 빌 곳이 없다"라고 대답했다. 왕손가가 자신에게 아부할 것을 공자에게 넌지시 바라자, 공자가 이 말을 들어 단호하게 거절의 의사를 드러냈다.

공자는 하늘[天]을 들어서 아랫목 귀신과 부엌 귀신을 한방에 무력화시켰다. 권력과 권세는 천리天理나 천명天命 앞에 아무것도 아니지만, 사람들은 권력이나 권세를 하늘보다 가치 있는 것처럼 종종 행동한다. 하늘은 유효 기간이 없지만 권력이나 권세는 유효기간이 턱없이 짧다. 사람들은 그 짧은 기간이 영원히 지속되리라고 착각을 한다. 이 말의 본의는 이러한데 인터넷 공간에서는 반대파를 저주하며 죄 받기를 바라는 바람을 담아 글을 쓰곤 한다. 하늘을 언급하면서도 하늘을 모르는 말이다.

3부.
순명편 順命篇

운명에
순응하라

1

공자가 말하였다. "죽고 사는 것은 명命에 달려 있고, 부귀富貴는 하늘에 달려 있다."

子曰 死生有命 富貴在天
자 왈 사 생 유 명 부 귀 재 천

【평설】 이 글은『논어』「안연顔淵」에 나온다. 앞뒤 문장을 살펴보아야 제대로 이해할 수 있다. 사마우司馬牛가 걱정을 하면서 말하기를, "남들은 다 형제가 있는데 나만 홀로 없습니다!"라고 하자 자하子夏가 말하기를 "죽고 사는 것은 운명에 달려 있고, 부귀는 하늘에 달려 있다고 합디다. 군자가 남에게 공경하고 잘못이 없으며, 남과 더불어 공손하고 예禮가 있으면 온 천하 안이 다 형제이니, 어찌 군자가 형제 없음을 한탄하겠습니까?"라고 하였다.

형제가 있는 것이 천명이라면 형제가 없는 것도 천명이다. 그러니 자신은 형제의 유무와 상관없이 공恭과 경敬에만 집중해야 한다. 내가 제어할 수 있는 현실에만 집중하고 최선을 다하라는 의미를 담은 셈이다. 맥락을 배제하고 위의 글만 보면, 사람의 수명도 부귀도 모두 하늘에 달린 것이니, 내가 애쓴다고 바뀌는 것은 아니라는 말로도 읽힐 수 있다.

2

세상 모든 일은 분수가 이미 정해져 있는데, 덧없는 인생들은 괜스레 혼자 바쁘구나.

萬事分已定 浮生空自忙
만 사 분 이 정 부 생 공 자 망

【평설】 이 글은 작자 미상의 『명현집』名賢集에 보인다. 많은 일들은 이미 분수가 정해져 있다. 그런데도 제 분수도 모른 채 이리저리 바쁘고, 여기저기 들쑤시고 다닌다. 많은 것이 정해져 있으니 한 발자국 물러나 여유를 가지고 세상사에 대처하라. 나 자신을 돌아볼 시간도 없을 만큼 바쁘게 사는 것이 도리어 자신을 학대하고 주변 사람들을 피곤하게 할 수도 있다. 운명론이나 결정론에 빠져서 무기력해지라는 것이 아니라 너무 아등바등 애를 쓰며 살지 말라는 뜻이다. 결국 될 일은 되고 안 될 일은 안 된다.

3

*

『경행록』에 말하였다. "화는 요행으로 면할 수는 없고, 복은 두 번 다시 구할 수는 없다."

景行錄云 禍不可倖免 福不可再求
경 행 록 운 화 불 가 행 면 복 불 가 재 구

【평설】 화가 찾아오면 요행으로 피할 수는 없고, 복은 두 번 찾아오는 경우는 없다. 화복禍福은 피한다고 피할 수 있고 구한다고 구할 수 있는 것이 아니다. 화복의 파도가 밀려올 때 겸허히 그것을 받아들일 수밖에 없다. 흔히 알고 있는 새옹지마塞翁之馬의 교훈은 화복의 넘나듦에 초연할 것을 주문한 것이다.

때가 오니 바람이 왕발王勃을 등왕각滕王閣으로 보내주고, 운運이
물러가니 벼락이 천복비薦福碑에 내리쳤도다.

時來風送滕王閣 運退雷轟薦福碑
시 래 풍 송 등 왕 각 운 퇴 뢰 굉 천 복 비

【평설】이 글에는 두 가지 이야기가 숨겨져 있다. 먼저 운이 좋았던 경우
다. 왕발王勃이 팽택彭澤에 있는 마당산馬當山에 도착했을 때, 파도가 험
해서 배가 뒤집힐 위기에 처하자 태연하게 시를 썼다. 마당산 신선은 이
에 감동하여 중양절을 맞아 등왕각에 행사가 있으니 가 보라고 현몽現夢
을 하였다. 시간은 하루도 채 남지 않았는데 남창南昌까지 거리는 7백 리
나 떨어져 있었다. 그런데 왕발이 탄 배가 갑자기 순풍을 만나 다음 날
새벽 무렵 남창에 도착하였다. 거기서 그 유명한「등왕각서」를 써서 천고
에 이름을 남겼다. 이 이야기는 명나라 소설가 풍몽룡馮夢龍이 쓴『성세
항언』醒世恒言의「마당신풍송등왕각」馬當神風送滕王閣에 나온다.

다음으로 운이 나빴던 경우다. 송宋의 범중엄范仲淹이 요주饒州의 태수로
있을 때 한 선비가 찾아와서 굶주림을 호소하였다. 그 당시 천복비문薦
福碑文 묵본墨本의 값이 천금이었다. 천복비는 강서성江西省 파양현鄱陽縣
요주饒州의 천복사 경내에 있던 비석으로 당唐의 이옹李邕이 글을 짓고
구양순歐陽詢이 글씨를 썼다. 범중엄은 천복비문 천 장을 탁본하여 서생

에게 주어 가난을 면케 해주려고 종이와 먹을 다 준비해 놓았다. 공교롭게도 그날 밤 벼락이 쳐서 천복비를 부숴 버렸다. 이 이야기는 혜홍惠洪의 『냉재야화』冷齋夜話에 나온다.

될 놈은 되고 안 될 놈은 안 된다. 운이 있을 때는 안 될 일도 척척 다 이루어지지만 운이 없을 때는 아무리 애를 써도 일이 풀리지 않는다. 이 글에서 읽어야 할 것은 운명에 대한 체념이 아니라 겸손이다. 열심히 살다 보면 불운도 저 멀리 가 버리고, 거짓말처럼 행운이 찾아오는 날이 있을지도 모른다. 지난날에 대한 보상이 남은 삶에 펼쳐질 날이 올 수도 있다.

열자列子가 말하였다. "멍청이, 귀머거리, 벙어리라도 집안이 힘 좀 쓰는 부자일 수도 있고, 지혜 있고 총명한 사람이라도 도리어 가난을 못 벗어날 수 있다. 태어난 해와 달과 날과 시간이 모두 처음부터 정해져 있으니, 따져 보면 부귀는 운명에 달려 있지 사람에 달려 있는 것은 아니다."

列子曰 癡聾瘖啞家豪富 智慧聰明却受貧 年月日時該載定
열 자 왈 치 롱 음 아 가 호 부 지 혜 총 명 각 수 빈 연 월 일 시 해 재 정

算來由命不由人
산 래 유 명 불 유 인

【평설】 이 글은 『열자』에 나오지 않는다. 어리석은 사람이 부잣집에 태어나기도 하고 총명한 사람이 가난한 집에 태어나기도 한다. 현실은 우리의 예상을 보기 좋게 빗나가니, 여기에 인생의 아이러니가 숨겨져 있다. 이 글은 운명이 사주四柱에 의해 이미 정해졌다는 다소 운명론적인 시각으로 말했다. 인생에서 겪게 되는 대부분의 일들은 인과의 결과보다 무작위의 결과인 것이 많다. 게다가 이 세상에 많은 일들은 이미 정해져 있다. 그렇지만 운명이 정해져 있다고 해서 자신은 아무런 노력을 하지 않는 것도 지혜롭지 않은 태도다. 운명론에 빠지지 않으려면 어떻게 해야 할까? 내가 제어할 수 없는 부분은 그대로 순응하고, 제어할 수 있는 부분에만 집중해야 한다. 내가 맡은 일은 최선을 다하되 그 일이 이루어

지는지의 여부는 내 몫이 아니다.

4부.

효행편 孝行篇

효행을
실천하라

1

『시경』詩經에 말하였다. "아버지 나를 낳으시고 어머니 나를 기르시니, 슬프고 슬프도다 우리 부모님이시여, 나를 낳아 고생하며 기르셨다. 그 깊은 은혜를 갚으려 하나 하늘처럼 끝이 없도다."

詩曰 父兮生我 母兮鞠我 哀哀父母 生我劬勞 欲報深恩 昊天罔極
시 왈 부 혜 생 아 모 혜 국 아 애 애 부 모 생 아 구 로 욕 보 심 은 호 천 망 극

【평설】 이 글은 『시경』「소아」小雅 '육아'蓼莪에 나온다. 세상에 부모님의 사랑만큼 큰 것이 있을까? 부모님은 나에게 모든 것을 다 퍼 주고서도 미안함을 느끼는 유일한 사람이다. 어쩌면 이 세상 모든 사람이 나를 사랑해 주는 것을 합친다 해도, 부모님이 주는 사랑에는 모자랄지도 모르겠다.

부모님은 나를 이 세상에 있게 해주고 이 세상에 살 수 있게 해준 존재다. 남에게 밥 한 끼만 얻어먹어도 고마워하지만, 부모님께 고마움을 표현하는 일은 왠지 낯설고 어색하기만 하다. 차마 표현할 수 없는 깊이와 너비의 사랑, 그건 부모님의 사랑이다.

2

공자가 말하였다. "효자가 어버이를 섬김에 집에 계실 때에는 공경을 다하고, 봉양할 때에는 즐거움이 우러나오게 하며, 병드셨을 때는 근심을 다하고, 장사 치를 때는 슬픔을 다하며, 제사를 모실 때에는 엄숙함을 다해야 한다."

子曰 孝子之事親也 居則致其敬 養則致其樂 病則致其憂 喪則致其哀
자 왈 효자 지 사 친 야 거 즉 치 기 경 양 즉 치 기 락 병 즉 치 기 우 상 즉 치 기 애
祭則致其嚴
제 즉 치 기 엄

【평설】이 글은 『효경』孝經에 나온다. 부모님에 대한 자식의 태도를 크게 살아 계실 때와 돌아가셨을 때로 나누어 설명했다. 부모님과 집 안에서 함께 살 때에는 모든 행동을 공경히 하고, 부모님을 봉양할 때는 즐거운 마음으로 대해야 하며, 부모님이 편찮으실 때는 근심을 다하고, 부모님 상을 치를 때에는 슬픈 마음으로 해야 하며, 부모님 제사를 지낼 때에는 엄숙한 태도로 임해야 한다.

그중에 가장 중요한 것은 부모님이 살아 계실 때 효도를 다하는 일이다. 돌아가신 후에 제사상을 떡 벌어지게 차리고 무덤을 사치스럽게 꾸민다 해도 다 헛된 일일 수밖에 없다. 부모님은 잠시 내 곁에 머무르실 뿐이고 예고도 없이 훌쩍 떠나신다. 그때 부모님께 잘하지 못한 일만 떠올리며 후회와 자책을 해보아야 무슨 소용이 있겠는가?

3

공자가 말하였다. "부모가 살아 계실 때에는 멀리 나가서 놀지 말 것이고, 나가서 놀더라도 반드시 일정한 장소가 있어야 한다."

子曰 父母在 不遠遊 遊必有方
자 왈 부 모 재 불 원 유 유 필 유 방

【평설】이 글은『논어』「이인」里仁에 나온다. 부모님 곁을 떠나 먼 곳에 가지 않는 것이 최선이겠지만, 만약에 먼 곳에 가게 된다 하더라도 부모님이 연락을 취할 수 있는 곳을 알려 드려야 한다. 부모님이 자신을 부르면 곧바로 찾아뵙기 위해서다.

지금이야 전화 한 통이면 어디든 연결되는 세상이다. 그러나 그 옛날 부모가 자식이 있는 곳도 모르면, 연락을 취할 뾰족한 방법이 없었다. 그새 급한 일이 있어서 자식에게 연락을 취할 수 없다면 속이 빠짝빠짝 타 들어가기 마련이다. 만일 천재지변天災地變이나 난리라도 났다면 자식 걱정에 부모의 마음이 어떨는지는 짐작하기 어렵지 않다. 자식이 어쩔 수 없이 먼 데 가게 되더라도, 부모님 마음은 편히 해드려야 한다.

4

공자가 말하였다. "아버지가 자식을 부르면 빠르게 대답해야지 느리게 대답해서는 안 되고 음식이 입에 있으면 뱉고 간다."

子曰 父命召 唯而不諾 食在口則吐之
자 왈 부 명 소 유 이 불 락 식 재 구 즉 토 지

【평설】 이 글은 『예기』와 『소학』에 나온다. 일본인은 자식에게 폐를 끼치지 말라고 가르치고, 미국인은 자식에게 양보를 가르치며, 한국인은 남에게 지지 말라고 가르친다고 한다. 우리가 아이들을 자신만 아는 사람으로 키우고 있진 않았나 반성해야 할 시점이다. 언제부터인지 아이들의 기를 죽이지 않아야 자존감이 높아진다는 인식이 퍼졌다. 남에게 폐를 끼치면서까지 자식의 기를 살려 주는 것은 안하무인의 독불장군을 만들 뿐이다. 부모님이 부르시면 곧바로 대답해야 한다. 만약 입 속에 먹던 음식이 있다면 곧바로 뱉어 내고 대답해야 한다고 했다. 요즘 시대에는 좀 과해 보이기도 한다. 그러나 부모에게 대답도 인사도 하지 않는 아이는 절대 용납해 주어서는 안 된다. 아이들의 공부를 핑계로 용납되지 않는 행동을 용납하면, 남들에게도 용납되지 않는 행동을 손쉽게 하게 된다. 세상 사람들은 관대하지 않다. 부모가 아이를 야단치지 않으면 아이는 세상과 세상 사람들에게 욕을 먹는다. 부모한테만 욕을 먹을 것인가? 아니면 세상 모두한테 욕을 먹게 할 것인가?

태공이 말하였다. "부모님께 효도하면 내 자식 또한 나에게 효도하나니, 내 자신이 이미 부모님께 불효를 저질렀다면 자식이 어떻게 나에게 효도하겠는가?"

太公曰 孝於親 子亦孝之 身旣不孝 子何孝焉
태 공 왈 효 어 친 자 역 효 지 신 기 불 효 자 하 효 언

【평설】 이마무라 쇼헤이 감독의 〈나라야마 부시코〉楢山節考(Ballad Of Narayama, 1982)란 영화가 있다. 이 영화는 식량 부족으로 70세가 된 노인은 나라야마산에 산 채로 버리는 풍습이 있는 산골마을을 배경으로 했다. 다츠헤이는 30년 전에 할머니를 버리지 않으려고 마을을 떠난 아버지를 부끄러워했지만, 이제 자신이 어머니를 버릴 처지가 되자 매우 괴로워하면서 주저하게 된다. 아버지를 부끄러워했지만 결국 부모에 대한 간절한 마음은 그대로 배운 셈이다.

효자 집안에 효자가 난다. 자식에게 효도를 받고 싶으면 자신의 부모에게 효도를 다하면 된다. 효도를 강요한다고 아이가 성장해서 그대로 따를 턱이 없다. 그저 묵묵히 자신의 부모를 잘 모시면 그것을 보고서 자연스럽게 부모에게 효도하기 마련이다. 자신이 부모에게 불효를 저질렀다면 응당 자신의 아이들도 불효로 되갚게 된다.

6

부모님께 효도하고 순종한 사람은 효도하고 순종하는 자식을 낳기 마련이고, 부모님의 뜻을 거역한 사람은 또한 거역하는 자식을 낳기 마련이니, 믿지 못하겠으면 다만 처마에서 떨어지는 낙숫물을 보라. 방울마다 떨어지는 곳에 어긋남이 없다.

孝順還生孝順子 忤逆還生忤逆兒 不信但看簷頭水 點點滴滴不差移
효 순 환 생 효 순 자 오 역 환 생 오 역 아 불 신 단 간 첨 두 수 점 점 적 적 불 차 이

【평설】 이 글은『증광현문』增廣賢文에 나온다. 자신이 부모님께 효도하느냐 불효하느냐에 따라, 자신의 자식도 자신에게 똑같이 대하게 된다. 처마 끝에서 떨어지는 낙숫물을 보면 증명이 되니, 낙숫물은 여지없이 처마 바로 그 아래에 있는 땅에 흔적을 남긴다. 평소 부모 옆에서 부모의 행동을 지켜보는 것처럼 큰 공부도 없다. 부모가 그의 부모를 모시는 태도를 보고, 아이는 그대로 보고 따라 배운다. 부모에 대한 효도가 자신의 자식에게 효도를 받기 위해서 하는 것은 아니다. 그러나 부모를 지극 정성으로 모시면 아이들은 그 행동을 보고 그대로 본받을 수밖에 없다. 부엉이는 제 어미를 먹고 자란다고 한다. 훗날에는 그걸 보고 자란 새끼 부엉이의 밥이 되고 만다.

5부.
정기편 正己篇

자신을
바르게 하라

1

『성리서』性理書에 말하였다. "남의 착한 점을 보고서는 나에게도 이러한 착한 점이 있는지를 찾아보고, 남의 악한 점을 보고서는 나에게도 이러한 악한 점이 있는지를 찾아야 할 것이니, 이와 같이 하여야 바야흐로 보탬이 있다."

性理書云 見人之善 而尋己之善 見人之惡 而尋己之惡 如此
성 리 서 운 견 인 지 선 이 심 기 지 선 견 인 지 악 이 심 기 지 악 여 차
方是有益
방 시 유 익

【평설】 출처를 알 수 없는 격언이 있다. "세상에는 두 분의 스승이 있다. 당신처럼 인생을 살라는 스승과 당신처럼 인생을 살지 말라는 스승이다." 본받을 만한 인생이나 본받지 않아야 하는 인생이나 모두 나에게는 스승이 된다는 말이다. 하나는 그렇게 살아야 한다는, 다른 하나는 그렇게 살면 안 된다는 교훈을 각각 준다. 남의 행동 중에서 선한 일이나 악한 일이 있으면 자신도 혹시 그런 일을 했는지를 점검해 보라는 말이다. 남의 악한 점을 보면서 자신은 적어도 그 사람보다 잘 살고 있다고 스스로를 위로하면 더 좋은 사람이 되기 어렵다.

❧

2

『경행록』에 말하였다. "대장부는 다른 사람을 마땅히 용서할 줄
알아야 하지만, 다른 사람에게 용서받을 짓을 해서는 안 된다."

景行錄云 大丈夫當容人 無爲人所容
경 행 록 운 대 장 부 당 용 인 무 위 인 소 용

【평설】대장부는 남에게 비굴하게 봐달라고 조르는 사람이 되어서는 안
된다. 반면 남들이 봐달라고 조를 경우에는 넉넉하게 품어 주는 것이 좋
다. 나에게는 엄격하지만 남에게는 관대해야 한다. 용容은 용서나 용납
을 의미하는데 여기서는 용서라고 해석했다. 용서는 아무나 할 수 있는
일이다. 남에게 부끄럽거나 의존적인 삶을 사는 사람은 누군가를 용서하
고 용납할 상태가 아니라는 말이다.

대장부란 말을 지금은 거의 사용치 않지만 필자가 어렸을 때만 해도 무
슨 일만 있으면 사내대장부란 말을 남발하였다. 대장부란 말이 시효가
이미 지났지만 아직도 유효한 의미가 있다면, 외관이나 행동이 마초적인
것을 의미하지 않고 남에 대한 넉넉한 포용력을 의미한다고 할 수 있다.

3

꒰꒱

태공이 말하였다. "나를 귀하게 여김으로써 다른 사람을 천하게 여기지 말고, 스스로 우쭐거림으로써 다른 사람을 업신여기지 말며, 용맹을 믿고서 적을 깔보지 말라."

太公曰 勿以貴己而賤人 勿以自大而蔑小 勿以恃勇而輕敵
태 공 왈 물 이 귀 기 이 천 인 물 이 자 대 이 멸 소 물 이 시 용 이 경 적

【평설】 세 개의 예시는 모두 자신을 대단하게 평가하고 남을 하찮게 대하는 것이다. 자신을 필요 이상으로 남다르다 생각하는 것 자체가 삶을 잘 모른다는 반증이라 할 수 있다. 남에 대한 예우와 대접이 그 사람의 인격을 말해 준다. 대접할 만한 수준의 사람만 대접하고 대접할 만한 수준이 아닌 사람은 대접하지 않는다면 그것도 잘못된 태도이다. 자신은 낮추고 남은 높여야 한다. 자신을 높이 평가하면 할수록 그 낙폭만큼 상대를 깔보기 쉽다. 사람은 그저 구린내 나고 지린내 나는 존재다.

우리는 윗사람과 아랫사람을 수시로 대한다. 때로는 윗사람이 되기도 하고 아랫사람이 되기도 한다. 아랫사람을 대하는 태도가 그 사람을 날것 그대로 보여 준다. 또 자신의 역량을 과도하게 평가해서 남을 가볍게 여기는 경우도 있다. 세상에는 숨은 고수가 많다. 골목대장 노릇 하다가 제대로 된 임자를 만나면 혼쭐이 나기 마련이다. 그러니 다른 사람과 승부를 벌일 적에는 최선을 다해야 한다. 남을 대할 때 꼭 기억해야 할 말이

하나 있다. 『남사』南史에 "이 사람 또한 남의 자식이니 잘 대해 주어야 한다"라 나온다. 보잘것없어 보이는 어떤 사람도 누군가의 귀한 자식이다. 그러니 함부로 그 사람을 대해서는 안 된다.

4

마원이 말하였다. "남의 허물을 듣게 되었다면 부모의 이름을 듣는 것과 같이 하여 귀로는 들을 수 있을지언정 입으로는 말할 수 없다."

馬援曰 聞人之過失 如聞父母之名 耳可得聞 口不可言也
마 원 왈 문 인 지 과 실 여 문 부 모 지 명 이 가 득 문 구 불 가 언 야

【평설】 이 글은 『소학』小學 「가언」嘉言과 『후한서』後漢書 「마원열전」馬援列傳에 나온다. 마원은 형의 두 아들인 마엄馬嚴과 마돈馬敦을 아꼈다. 그런데 그 두 사람이 남을 비판하고 의논하기를 좋아하며 경박하고 호협한 사람과 사귀므로 그것을 경계하여 「계형자엄돈서」誡兄子嚴敦書라는 편지를 보내서 한 말이다.

부모님의 성함은 귀로 들을 수는 있지만 입에 올려서는 안 된다. 부모님 성함을 함부로 말하지 않는다는 뜻이다. 남의 실수도 이와 다르지 않다. 남의 험담이 나쁘다는 것은 모두 다 안다. 그러나 정도의 차이만 있을 뿐 여기에서 자유로울 수 있는 사람은 많지 않다. 프란치스코 교황은 "타인에 대한 험담은 코로나바이러스보다 더 나쁜 전염병입니다"라고 했으며, 미드라시(midrash)는 "험담은 세 사람을 죽인다. 험담을 말하는 사람과 험담의 대상자, 그리고 험담을 듣고 있는 사람이다"라고 했다.

뒷담화는 여러 가지로 나쁜 영향을 끼친다. 우선 내가 상대방과 집중할

시간들을 방해한다. 두 사람의 이야기로 채워야 할 시간에 남의 이야기를 하며 채우게 된다. 이야기를 나누다 보면, 의도치 않게 남에 대한 미움이 심하게 증폭되고 사소한 상대방의 잘못들도 끄집어내기 쉽다. 남의 험담을 하며 갖는 유대는 유대가 아니다.

5

소강절 선생이 말하였다. "다른 사람의 비방을 들어도 화내는 일이 없어야 하고, 남의 칭찬을 들어도 기뻐하는 일이 없어야 하며, 남의 좋지 못한 소문을 듣더라도 동조하는 일이 없을 것이고, 남의 착한 것을 듣게 되면 곧바로 나아가 맞장구치고 또 따라서 기뻐하라. 그의 시詩에 다음과 같이 썼다. '착한 사람 보기를 즐겨하고, 착한 일 듣기를 즐겨하며, 착한 말 하기를 즐겨하고, 착한 뜻 행하기를 즐겨하며, 남의 악한 점을 듣거든 가시를 몸에 짊어진 것처럼 여기고, 남의 착한 점을 듣거든 난초와 혜초를 몸에 지닌 것같이 여겨라.'"

康節邵先生曰 聞人之謗 未嘗怒 聞人之譽 未嘗喜 聞人之惡
강 절 소 선 생 왈 문 인 지 방 미 상 로 문 인 지 예 미 상 희 문 인 지 악

未嘗和 聞人之善 則就而和之 又從而喜之 其詩曰 樂見善人 樂聞善事
미 상 화 문 인 지 선 즉 취 이 화 지 우 종 이 희 지 기 시 왈 낙 견 선 인 낙 문 선 사

樂道善言 樂行善意 聞人之惡 如負芒刺 聞人之善 如佩蘭蕙
낙 도 선 언 낙 행 선 의 문 인 지 악 여 부 망 자 문 인 지 선 여 패 란 혜

【평설】남들이 나에 대해 하는 비방이나 칭찬을 듣더라도 일일이 반응할 필요가 없다. 비방을 들어도 화낼 것도 칭찬을 들어도 우쭐댈 것도 없으니, 남이 나에 대해 판단하는 것에 일희일비하는 것은 내 삶의 주인자리를 남에게 맡기는 셈이다. 또 다른 사람의 나쁜 소문을 듣는다 하더라도 맞장구칠 필요는 없다. 거기다 더 나쁜 것은 어떤 사람의 나쁜 소문을 듣

고서 자신만 알고 있던 상대의 약점을 하나 더 덧붙이는 일이다. 그러나 반응해야 할 일도 있으니 남의 선행을 들었을 때다. 그때는 곧바로 맞장구치고 그 선행을 따라 하며 자신의 일처럼 기뻐해야 한다.

또 시에 이렇게 썼다. 선한 사람[善人], 선한 일[善事], 선한 말[善言], 선한 뜻[善意]은 즐거운 마음으로 받아들이거나 실천하면 된다. 남의 나쁜 점을 듣게 되면 가시덤불을 능에 진 것처럼 불편하게 여기고, 남의 선한 점을 듣게 되면 향기로운 풀(난초와 혜초)을 몸에 지닌 것처럼 기분 좋게 여기라고 당부했다.

결론적으로 선행에는 반응해야 하지만 악행에는 반응하지 말라는 것이다. 남에 대한 어떠한 정보도 모두 정기正己의 좋은 밑천이 될 뿐이니, 남이 나에게 하는 평가에 휘둘리지 말고 선행에 적극적으로 반응해야 한다.

6

나의 좋은 점을 말해 주는 사람은 나의 도적이요, 나의 나쁜 점을
말해 주는 사람은 나의 스승이다.

道吾善者 是吾賊 道吾惡者 是吾師
도 오 선 자 시 오 적 도 오 악 자 시 오 사

【평설】 여기 내 앞에서 나의 장점을 부각시켜 칭찬하는 사람이 있다. 나
는 남의 칭찬에 우쭐하며 지금껏 잘하고 있는 줄 착각한다. 그래서 나의
상태를 정확하게 점검할 기회를 아예 놓쳐 버리고 만다. 내 앞에서 칭찬
하는 이 중에 뒤에서 험담할 이도 없지 않다. 페이스북에는 '좋아요'만 있
지 '싫어요'는 없다. '좋아요'만큼 '싫어요'도 있겠지만 드러나지 않았을 뿐
이다.

반면 이 정도면 칭찬받을 만한 것 같은데도 나의 단점을 지적해 주는 사
람이 있다. 지적을 받는 것은 여간 껄끄러운 일이 아니다. 하지만, 남들
이 말 못해 주는 내 단점을 정확히 지적해 주는 것은 앞으로 저지를지도
모르는 내 실수를 미연에 막아 주기도 하고, 지금껏 저질렀던 실수를 더
이상 저지르지 않게도 해준다.

나이가 들수록 자신에게 옳은 말을 해주는 사람은 점점 사라진다. 윗사
람은 나의 나이대접을 해주느라 말하기 어렵고, 아랫사람은 윗사람이라
더더욱 말하기 어렵다. 그러다 보면 어느새 자신이 옳다는 굳은 신념만

가지고 사람들로부터 동떨어진 생각과 행동에 빠지기도 한다. 나를 더 좋은 사람으로 만들어 주는 것은 입에 발린 칭찬이 아니라 진심 어린 충고에 있다는 것을 잊어서는 곤란하다.

태공이 말하였다. "근면은 값을 매길 수 없는 보배가 될 것이요,
신중함은 몸을 보호하는 부절이다."

太公曰 勤爲無價之寶 愼是護身之符
태 공 왈 근 위 무 가 지 보 신 시 호 신 지 부

【평설】 어떤 사람을 제대로 평가할 때 근면과 신중함은 중요한 덕목이
다. 근면은 어떤 일을 굳건히 견인하여 지속해 내는 것이다. 하루 이틀을
지속하는 것이야 누구라도 어렵지 않지만, 몇 년 또는 수십 년 똑같은 일
을 이어 나가는 것은 어려운 일임에 틀림없다. 세상에 영원한 것은 없고
지속하는 것만이 존재할 뿐이다. 일에 대한 열정이나 사람 간의 관계도
유효 기간이 있다. 근면함을 통해 어느 시점에 과거완료 된 것을 소환하
여 끊임없이 현재진행형 시킬 수 있다. 그러니 근면함이야말로 일과 관
계를 지속시키는 탁월한 원동력이다. 우리가 봐 왔던 천재들은 타고난
자질도 있지만, 남들이 보지 못하고 볼 수 없는 곳에서의 놀라운 근면과
노력이 숨어 있는 경우가 많다.

신중함은 어떤 일을 대하는 진실되고 성실한 태도이다. 옛날에 신중함과
관련된 말로는 소심小心, 전전긍긍戰兢兢, 여리박빙如履薄氷 등이 있다.
이 중에 몇 단어는 지금 좀팽이란 부정적인 의미로 쓰이는 경우도 있긴
하지만, 원래의 의미는 조심하고 삼가라는 긍정적인 의미를 담은 말이었

다. 어떤 일이든 신중함을 바탕으로 하면 큰 실수를 막아 줄 수 있다. 신중함이란 내 마음속에서 여러 번의 점검을 통해, 실제로 벌어질 수 있는 실수를 미연에 막아 준다.

『경행록』에 말하였다. "생명을 보전하려는 사람은 욕심을 줄여야 하고 몸을 보전하려는 사람은 명예를 피할 것이니, 욕심을 없게 하기는 쉬우나 명예를 없게 하기는 어렵다."

景行錄曰 保生者 寡慾 保身者 避名 無慾 易 無名 難
경 행 록 왈 보 생 자 과 욕 보 신 자 피 명 무 욕 이 무 명 난

【평설】 건강하게 생명을 유지하고 싶은 사람은 몸과 마음이 요구하는 것을 절제할 필요가 있다. 몸에서 당긴다고 함부로 먹고 마음에서 요구한다고 과도한 욕심을 부려서는 곤란하다. 또 온전히 몸을 잘 보전하려는 사람은 명성이나 명예에 집착해서는 안 된다. 불교에서는 수면욕, 색욕, 식욕, 재물욕, 명예욕 등을 5욕五慾이라 하는데, 명예욕도 거기에 포함된다. 명예욕이 얼마나 위험한지는 『이솝우화』에서도 잘 보여 주고 있다. 동물의 왕을 시켜 준다는 여우의 꼬임에 두 번씩이나 빠져 끝내 목숨을 잃는 사슴의 이야기가 등장한다.

명예욕은 제 생명을 잃게 만들 수도 있는데도 도중에 끊지 못할 만큼 강한 욕구이다. 명예욕이란 결국 자신에 대한 인정을 밖에서 구하는 행위다. 그러니 판단이나 결정을 남에게 맞춰 할 가능성이 그만큼 커지는 것이다. 그렇다면 자신이 삶의 주체가 아니고 객체로 전락할 위험이 있다. 명예를 구하지 않는 것이 욕심을 없게 하기보다 어렵다는 것은 그만큼

명예욕이 얼마나 강력하게 우리를 사로잡고 있는지를 잘 보여 준다. 중년의 나이는 사회에서 중추적인 위치를 차지할 시점이다. 이 시기에 특히나 잘못된 명예욕에 빠져 자신을 그르치는 일을 해서는 안된다.

공자가 말하였다. "군자君子는 세 가지 경계하는 것이 있으니 젊어서 혈기가 격렬하게 움직여서 경계할 것이 여색女色에 있고, 장성해서는 혈기가 한창 강하므로 경계할 것이 싸움에 있으며, 몸이 늙어서는 혈기가 이미 쇠약해지므로 경계할 것이 얻는 데에 있다."

子曰 君子有三戒 少之時 血氣未定 戒之在色 及其壯也 血氣方剛
자 왈 군 자 유 삼 계 소 지 시 혈 기 미 정 계 지 재 색 급 기 장 야 혈 기 방 강
戒之在鬪 及其老也 血氣旣衰 戒之在得
계 지 재 투 급 기 노 야 혈 기 기 쇠 계 지 재 득

【평설】 이 글은 『논어』 「계씨」季氏에 나온다. 인생에서 각 시기별로 조심해야 할 것이 따로 있는 법이다. 그러니 각 시기마다 혈기의 다름이 있어서 지기志氣로 잘 다스려야 한다. 그래야 혈기에 부려지지 않게 된다. 젊어서는 혈기가 격렬하게 움직이기 때문에 여색을 조심하고, 장성해서는 혈기가 강하기 때문에 남과의 싸움을 조심하며, 늙어서는 혈기가 쇠해져서 내 몸과 집에 대한 욕구가 강해지기 때문에 노욕老慾을 조심해야 한다. 따지고 보면 각 시기별로 조심하지 않아야 할 때가 없다. 특히 젊었을 때는 욕망의 발산을, 늙어서는 노욕을 조심해야 한다.

10

※

손진인孫眞人의 양생명養生銘에 말하였다. "성냄이 심하면 특히 기운을 상하고, 생각이 많으면 크게 정신을 손상한다. 정신이 피로하면 마음이 부림을 당하기 쉽고, 기운이 약하면 병이 서로 일어난다. 슬픔이나 기쁨을 지나치게 하지 말 것이고, 마땅히 음식을 고르게 섭취하며, 밤에 술 취하는 것을 거듭 막고, 새벽에 성내는 것을 제일 경계하라."

孫眞人養生銘云 怒甚偏傷氣 思多太損神 神疲心易役 氣弱病相因
손 진 인 양 생 명 운 노 심 편 상 기 사 다 태 손 신 신 피 심 이 역 기 약 병 상 인
勿使悲歡極 當令飲食均 再三防夜醉 第一戒晨嗔
물 사 비 환 극 당 령 음 식 균 재 삼 방 야 취 제 일 계 신 진

【평설】 손진인은 도교 계통의 인물로 보이는데 상세한 이력은 확인할 수 없다. 심하게 화를 내면 감정의 균형이 깨지면서 기운을 손상하기 십상이다. 생각이 많으면 오히려 정신 건강에 해롭다. 적당한 생각이 좋은 것이지 무턱대고 생각을 많이 한다고 좋은 것이 아니다. 자칫 생각의 무한 루프에 빠질 수도 있다. 정신이 피로한 상태가 계속되면 마음은 평정을 잃게 된다. 기가 허하게 되면 그로 인해서 병이 발생하기 쉽다. 어떤 감정이든 지나친 것은 좋지 않다. 기쁨이든 슬픔이든 감정을 극도로 끌어올리는 일 자체가 이미 마음의 평정 상태가 무너진 것이다. 음식은 골고루 먹어야지 가려서 먹게 되면 영양의 불균형 상태를 초래한다. 밤에 취

하게 되면 새벽에 쉬어야 할 장기臟器들이 해독을 하기 위해 쉼 없이 움직이게 된다. 새벽에 화를 내게 되면 그날 하루의 시작부터 좋지 않은 감정을 갖게 되니 하루를 망칠 수밖에 없다. 여기에서는 결국 감정과 정신, 영양의 균형 상태를 유지하는 것이 건강의 비결이라는 이야기를 말하고 있다.

『경행록』에 말하였다. "음식이 담박하면 정신이 상쾌하고, 마음이 맑으면 꿈과 잠자리가 편안하다."

景行錄曰 食淡精神爽 心淸夢寐安
경 행 록 왈 식 담 정 신 상 심 청 몽 매 안

【평설】 담박한 음식과 맑은 마음은 정신과 잠자리를 편안하게 만들어 준다. 지나치게 자극적인 음식을 먹으면 속이 부대끼고 온 정신이 소화에만 집중된다. 그래서 약간의 공복은 정신을 맑게 해주니, 살지고 배 나온 선사禪師는 없다. 포만은 배 속만 만족시킬 뿐 좋을 것이 하나 없다. 또, 꿈이 앞으로 현실에 있을 일을 현몽現夢하는 것이 아니라, 현실이 꿈 속에 고스란히 반영되는 법이다. 괴로운 일에 시달리면 꿈자리가 여지없이 뒤숭숭하다. 반면에 마음이 맑은 상태에는 꿈을 자주 꾸지 않는다.

12

마음을 안정시켜 사람을 대하면, 비록 글을 읽지 않았다 하더라도 덕이 있는 군자라 할 수 있다.

定心應物 雖不讀書 可以爲有德君子
정 심 응 물 수 불 독 서 가 이 위 유 덕 군 자

【평설】 책을 읽는 궁극적인 이유가 무엇일까? 책을 통해 무지에서 깨어나 새로운 시각과 전망을 가질 수 있기 때문이다. 그것을 바탕으로 나는 어제의 나보다 더 좋은 사람이 되어 다른 사람이 되는 것도 가능하다. 책만 읽으면 다 좋다고 생각하나 꼭 그렇지 않다. 잘못된 독서는 자신의 아집과 편견을 더 공고히 해주고, 자신이 특별한 사람이라고 착시錯視하게 만든다. 그렇기 때문에 오히려 책을 읽지 않은 것보다 못한 상태가 되기도 한다. 여기 마음을 안정시켜 사람을 대하는 이가 있다. 그가 책을 읽었는지 안 읽었는지 중요치 않다. 그는 이미 책을 읽은 상태보다 더 나은 사람이기 때문이다.

13

❧

『근사록』近思錄에 말하였다. "분노 참기를 불을 끄듯이 하고, 욕심 막기를 물을 막듯이 하라."

近思錄云 懲忿 如救火 窒慾 如防水
근 사 록 운 징 분 여 구 화 질 욕 여 방 수

【평설】 이 글은 『근사록』에는 보이지 않는다. 다만 『근사록』 「극기」克己 편 1장과 9장에 징분懲忿과 질욕窒慾에 대한 글이 나온다. 분노는 불처럼 일시적으로 확 치밀어 오르니 불을 끄는 것처럼 단박에 참아야 하고, 욕심은 물처럼 지속적으로 일어나니 물을 막는 것처럼 항상 경계해야 한다. 물이나 불은 모두 초기에 잡아야 하니, 커지면 걷잡을 수 없게 되기 때문이다. 분노와 욕심도 이와 마찬가지여서 마음속에 크게 자리 잡기 전에 선제적으로 눌러서 가라앉혀야 한다.

14

『이견지』夷堅志에 말하였다. "여색 피하기를 원수 피하듯이 하고, 풍사風邪 피하기를 화살 피하는 것같이 하며, 빈속에 차를 마시지 말고, 밤중에 밥을 적게 먹어라."

夷堅志云 避色 如避讐 避風 如避箭 莫喫空心茶 少食中夜飯
이 견 지 운 피 색 여 피 수 피 풍 여 피 전 막 끽 공 심 다 소 식 중 야 반

【평설】『이견지』는 중국 송나라의 홍매洪邁가 엮은 설화집으로 민간에서 일어난 이상한 사건이나 괴담을 모은 책이다. 여색은 작심하고 원수를 피하는 듯이 하여 절대로 가까이하지 않는다. 또 풍사를 피하는 것을 맞으면 죽거나 상처가 나는 화살을 피하는 것처럼 해야 한다. 여기서 풍風은 풍사風邪이다. 책에 따라 풍을 남녀 간의 바람이나 찬바람으로 해석하였지만, 풍사가 가장 적절해 보인다. 풍사란 바람이 병을 일으키는 원인이 된 것을 말한다. 빈속에 차를 마시면 위장에 좋지 않다. 또 밤에 과식이나 야식을 즐겨하면 장기臟器에 쉴 틈을 주지 않아 건강에 좋지 않다. 정리하자면 여색, 풍사, 공복에 마시는 차, 밤중에 과식 등은 건강에 도움을 주지 않는 것들이니 피하거나 끊어야 한다는 말이다.

≫✦

순자荀子가 말하였다. "쓸데없는 말이나 급하지 않은 일은 제쳐 놓고 거들떠보지 말라."

荀子曰 無用之辯 不急之察 棄而勿治
순 자 왈 무 용 지 변 불 급 지 찰 기 이 물 치

【평설】 이 글은『순자』「천륜天論」10장에 나온다. 이 말 앞에 나오는『순자』의 글을 읽어야 제대로 이해할 수 있다. "전해 내려오는 말에, '온갖 기괴한 일에 대하여서는 책에서 언급하지 않았다'라 하니 쓸데없는 말이나 급하지 않은 일은 제쳐 놓고 거들떠보지 말라"고 하였다.

여기에 나오는 온갖 기괴한 일은『논어』에 나오는 괴력난신怪力亂神과도 통한다. 간단히 말하자면 괴력난신이란 이성적으로 설명하기 어려운 존재나 현상을 이르는 말이다. 공자는 괴력난신뿐 아니라 사후세계도 언급하지 않았다. 사람의 인식으로 결코 알 수 없는 것에 대해 집착하는 것은 쓸데없는 곳에 정신을 헛되이 소비하게 만들 뿐 아니라, 현실의 문제를 등한시하게 할 수도 있다. 우리가 정확히 인식하고 행동할 수 있는 부분에 힘을 쏟기에도 삶은 짧기만 하다. 쓸데없는 일에 대해 말을 하고 현실에서 동떨어진 문제에 관심을 쏟는 것은 인생을 허비하는 일임을 통찰한 말이다.

16

꽃

공자가 말하였다. "여러 사람이 좋아하더라도 반드시 그 사람을
관찰하고, 여러 사람이 미워하더라도 반드시 그 사람을 관찰해야
한다."

子曰 衆 好之 必察焉 衆 惡之 必察焉
자 왈 중 호 지 필 찰 언 중 오 지 필 찰 언

【평설】 이 글은 『논어』 「위령공」衛靈公에 나온다. 사람들이 누군가를 좋
아하거나 싫어하는 것은 타당한 객관적인 근거에 의한 것이 아니라, 사
감私感에서 비롯되는 것이 많다. 그러니까 어떤 사람을 평가할 때 다른
사람의 프리즘을 통해서 보기보다는 나의 프리즘을 통해 보는 것이 좋
다. 침묵의 나선 이론(The spiral of silence theory)이란 말이 있다. 여론
이 형성되는 과정에서 자신의 입장이 다수의 의견과 동일하면 적극적으
로 동조하지만 소수의 의견일 경우에는 남에게 나쁜 평가를 받거나 고립
되는 것이 두려워 침묵하는 현상을 말한다. 그만큼 다수 의견에 편승하
기 쉽다는 말이다. 사람들이 어떤 사람이라고 정의 내렸다고 해서 꼭 내
게도 그런 사람일 수는 없다. 이때 나에게 필요한 자질은 인仁이다. 오직
인한 사람이라야 호오好惡를 온전히 할 수 있다. 세상에서 여태 제대로
못 보고 못 읽어 내고 있던 그 사람을 제대로 읽어 내는 힘이 필요하다.
지금 내가 보는 그 사람이 그다.

•

술 취한 가운데 쓸데없는 말이 없음은 참다운 군자요, 재물에 대하여 분명한 태도를 취하는 것은 대장부이다.

酒中不語 眞君子 財上分明 大丈夫
주 중 불 어 신 군 자 재 상 분 명 대 장 부

【평설】 이 글은 『증광현문』에 나온다. 술은 사람들의 관계를 순식간에 가깝게 하기도 하지만 멀게 만들기도 한다. 이처럼 술은 인간관계에서 착시를 가져다준다. 맨 정신이면 하지 않았을 말을 술김에 아무 말이나 마구 쏟아 낸다. 깨고 나면 그야말로 후회막급이다. 그러니 술을 먹고도 말을 자제할 수 있다는 것은 평소 자기 관리와 절제 덕분이라 할 수 있다.

돈 문제에 있어서도 확실한 것이 좋다. 돈을 빌려주는 친구가 좋은 것이 아니라, 돈을 빌려달라지 않는 친구가 좋은 것이다. 절박한 상황이 아니라면 돈은 절대 꾸어서는 안 된다. 돈을 꾸면 상대에게 나의 신용을 회복 불능의 상태로 만들어 버린다. 반대로 상대가 어렵다면 상황에 따라 돈을 꿔 줄 수도 있다. 남에게 줄 것은 야박하게 계산하지 말고 후하게 계산을 치러야 한다. 이것은 돈과 관련된 하나의 예시일 뿐이다. 돈과 재산 문제에 대해 흐리멍덩하면 안 되고 딱 부러져야 한다.

18

꼬

모든 일에 너그러움을 좇으면 그 복이 저절로 두터워진다.

萬事從寬 其福自厚
만 사 종 관 기 복 자 후

【평설】 이 글은 『준생팔전』遵生八牋에 나온다. 자신의 입장과 원칙만을 악착같이 주장하면 그 일에서 당장 상대방의 승복을 받을 수는 있겠지만, 다른 모든 일에서 상대방의 반감을 사게 된다. 모든 일이란 단서는 결국 너그러울 수 없는 일들을 포함한 말이다. 너그러울 수 없는 일에도 너그러울 수 있어야 한다. 상대방에게 너그럽게 대하면 복은 배가되어 돌아온다. 당장은 손해 보는 것 같지만 끝내 이득이 된다. 너그러움이야말로 중년에 갖추어야 할 덕목이고 인격의 척도다.

너그러움은 관용寬容, 용인容認, 톨레랑스(tolérance)와 같은 말이다. 나의 사고에만 너무 몰입하거나 확신을 가질 경우에 타인의 사고에 배타적일 수밖에 없다. 너그러움은 타인의 시각과 행동에 대하여 자기 식의 해석을 멈추어야 가능하다. 이름만 대면 알 만한 대기업의 사장은 신입사원에게 하의경청下意傾聽, 심사숙고深思熟考, 만사종관萬事從寬, 이청득심以聽得心을 주지시켰다고 한다. 그중에 만사종관이 포함되어 있다. 신입사원으로서 경직성보다 유연성을 요구한 것이다.

태공이 말하였다. "다른 사람을 헤아리고 싶다면 먼저 스스로를 반드시 헤아려 보라. 다른 사람을 해치는 말은 도리어 제 스스로를 해치는 것이니, 피를 머금어 남에게 뿜고자 하면 먼저 자기의 입이 더러워지는 것과 같다."

太公曰 欲量他人 先須自量 傷人之語 還是自傷 含血噴人 先汚其口
태공 왈 욕 량 타 인 선 수 자 량 상 인 지 어 환 시 자 상 함 혈 분 인 선 오 기 구

【평설】 이 글은 『사미율의요략증주』沙彌律儀要略增註에 보인다. 남에 대해서 이러쿵저러쿵 따질 시간에 자신이 어떻게 살고 있는지 따져 보아야 한다. 남들 지적할 시간이 있으면 자신을 점검하는 것이 좋다. 남을 음해하면서 해치려는 마음이 담긴 말은 스스로의 인격과 마음을 해치기 마련이니, 마치 피를 뿜으려고 하면 자신의 입이 더러워지는 것과 같은 이치이다.

20

❧

무릇 노는 것은 아무런 이익이 없고, 오직 부지런함만이 공功이
있다.

凡 戲 無 益 惟 勤 有 功
범 희 무 익 유 근 유 공

【평설】 이 글은 『삼자경』三字經에 나온다. 삶은 정말로 짧다. 이 짧은 인
생에 어떤 작은 성취라도 보여 주려고 한다면 부지런함밖에 다른 도리가
없다. 사소한 루틴을 누가 더 지치지 않고 반복할 수 있는지에 따라 인생
의 성패가 갈린다. 매일 꾸준히 반복하다 보면 중년이 넘어 조금씩 보상
을 받게 된다. 그런데 부지런함은 고사하고 노는 것으로 세월을 탕진한
다면 어떠하겠는가? 노는 것을 싫어하는 사람은 없다. 그것을 참고 참지
못하고의 차이가 있을 뿐이다.

21

태공이 말하였다. "다른 사람의 오이 밭에서 짚신을 다시 신지 말고, 다른 사람의 오얏나무 아래에선 갓을 반듯하게 다시 쓰지 말라."

太公曰 瓜田 不納履 李下 不整冠
태 공 왈 과 전 불 납 리 이 하 부 정 관

【평설】 의심은 제 스스로 몸집을 불려 나가니, 아예 의심을 살 행동을 남에게 하지 않아야 한다. 그러려면 선제적으로 자신의 행동에 더더욱 엄격해야 한다. 내 마음을 알아주겠거니 하는 안일한 생각이 관계를 허물어 뜨린다. 의심은 지난날의 믿음을 급하게 잠식할 뿐만 아니라 앞으로의 시간들을 불신으로 채우게 만든다. 한번 의심이 싹트게 되면 사람의 신뢰가 무너지는 것은 시간문제다.

❧

『경행록』에 말하였다. "마음은 편안할 수 있지만 몸은 고되지 않으면 안 되고, 도리는 즐길 수는 있지만 몸은 걱정하지 않으면 안 된다. 몸이 고되지 않으면 나태해져 피폐해지기 쉽고, 몸에 근심이 없으면 주색酒色에 빠져서 안정감을 잃게 된다. 그러므로 편안함은 고됨에서 생겨 항상 편안히 쉬고, 즐거움은 근심에서 생겨 싫증이 없는 것이다. 그러니 편안하고 즐거움을 누리려 하면 근심과 고됨을 어찌 잊을 수 있겠는가?"

景行錄曰 心可逸 形不可不勞 道可樂 身不可不憂 形不勞則怠惰易弊
경 행 록 왈 심 가 일 형 불 가 불 로 도 가 락 신 불 가 불 우 형 불 로 즉 태 타 이 폐
身不憂則荒淫不定 故逸生於勞而常休 樂生於憂而無厭 逸樂者 憂勞
신 불 우 즉 황 음 부 정 고 일 생 어 로 이 상 휴 낙 생 어 우 이 무 염 일 락 자 우 로
其可忘乎
기 가 망 호

【평설】 사람은 육체적 고됨과 정신적 근심을 통해서 참된 마음과 도리를 찾을 수 있다. 대개 마음이 몸을 지배하고 움직이게 하지만, 때로는 그 반대로 작용하기도 한다. 몸과 마음은 연동되어 있으니, 몸의 관리가 역설적으로 가장 좋은 마음의 관리일 수 있다. 정말 편안하고 즐겁고 싶다면 근심과 고됨을 마다하지 않아야 한다. 인간은 평생 긴장감 속에 살아가야 할 존재다. 생활과 관계에서 긴장감을 풀고 이완되는 순간에 금세 세상은 나에게 등을 돌린다.

23

귀로는 남의 그릇된 것을 듣지 말고, 눈으로는 남의 단점을 보지
말고, 입으로는 남의 허물을 말하지 않는다면 거의 군자라고 할
만하다.

耳不聞人之非 目不視人之短 口不言人之過 庶幾君子
이 불 문 인 지 비 목 불 시 인 지 단 구 불 언 인 지 과 서 기 군 자

【평설】 이 글은 『성심잡언』省心雜言에 나온다. 남의 그릇된 점, 단점, 허물
은 내 눈에 잘 띄기 마련이다. 이러한 점을 마음속으로 느끼지 않을 수는
없지만, 모른 척할 수 있어야 좋은 인격을 가진 사람이라 할 수 있다. 『법
구경』法句經에 "남의 허물은 잘 찾아내지만 자기의 허물은 드러내지 않는
다. 남의 잘못은 가벼운 먼지처럼 날리나 자기의 잘못은 없는 듯이 말한
다"라 나온다. 고쳐야 할 대상은 다른 사람이 아니라 바로 나 자신이다.
다른 사람은 내가 고칠 수도 없고 고치려고 해서도 안 된다. 마음에 안
드는 점이 있어도 섣부른 충고나 지적도 곤란하다. 대개 충고와 지적은
다른 사람을 위해서라기보다 내가 그를 못 견디어 나오는 경우가 많기
때문이다. 나는 지금 그 사람의 무엇을 못 견디고 있는가? 남을 못 견디
어하는 나는 누구에게 견딜 만한 사람이던가 한번쯤 생각해 본다.

24

채백개蔡伯喈가 말하였다. "기쁨과 노여움은 마음속에 있고, 말은 입 밖으로 나가는 것이니 삼가지 않으면 안 된다."

蔡伯喈曰 喜怒 在心 言出於口 不可不慎
채 백 개 왈 희 로 재 심 언 출 어 구 불 가 불 신

【평설】 채백개는 중국 후한後漢 사람인 채옹蔡邕(132~192)으로 백개伯喈는 그의 자이다. 그는 동탁의 시체 위에 엎드려 통곡했다가, 왕윤에게 죽임을 당한 인물로도 잘 알려져 있다.

마음속에서 감정이 요동치지 않으면 좋겠지만, 기쁨과 노여움 같은 감정은 끊임없이 생겨난다. 그런 감정이 소용돌이칠 때마다 입 밖으로 감정을 표출하게 되면, 시간이 지나서 마음속에서 사그라들 감정들이 그대로 현실이 되고 만다. 그러니 감정에 따라 말로 표현하는 것은 솔직한 것이 아니라 미숙한 것이다.

25

재여宰予가 낮잠을 자자, 공자가 말하였다. "썩은 나무는 새길 수
없고, 썩은 흙으로 쌓은 담장은 흙손질을 할 수 없다."

宰予 晝寢 子曰 朽木 不可雕也 糞土之墻 不可圬也
재 여 주 침 자 왈 후 목 불 가 조 야 분 토 지 장 불 가 오 야

【평설】 이 글은 『논어』 「공야장公冶長」에 나온다. 재여가 낮잠을 한번 잔
것 치고는, 공자가 평소와 달리 심하게 나무랐다. 재여에게 썩은 나무와
거름흙으로 쌓은 담장(후목분장朽木糞牆)이라고 극언을 했으니 한마디로
쓸모없는 사람이란 뜻이다.

재여는 한마디로 선생님께 찍힌 학생이었다. 무엇 때문에 찍혔을까? 『논
어』에는 공자와 재여가 논쟁을 벌이는 장면이 세 번 나온다. 그중 가장
유명한 것으로는 재여가 공자에게 일년상을 주장한 일이었다. 공자는 재
여가 낮잠을 잤던 한 가지 일 때문이 아니라, 재여가 보여 주는 말과 행동
이 일치하지 않는 데에 실망감을 표출한 것이다.

자허원군紫虛元君의 「성유심문」誠諭心文에 말하였다.

"복은 청렴하고 검소한 데에서 생겨나고, 덕은 자기를 낮추고 물러서는 데서 생겨나며, 도는 편안하고 고요히 하는 데에서 생겨나고, 수명은 화평하고 맑은 데에서 생겨난다.

근심은 욕심이 많은 데에서 생겨나고, 재앙은 탐욕이 많은 데서 생겨나며, 허물은 경솔하고 교만한 데서 생겨나고, 죄는 어질지 못한 데서 생겨난다.

눈을 경계하여 다른 사람의 그릇된 점을 보지 말고, 입을 경계하여 다른 사람의 단점을 말하지 말며, 마음을 경계하여 스스로 탐욕을 부리고 성내지 말고, 몸가짐을 경계하여 나쁜 친구를 따르지 말며, 쓸데없는 말은 함부로 하지 말고, 자신과 관련 없는 일은 함부로 간섭하지 말라.

임금을 높이고 부모에게 효도하며, 어른을 공경하고 덕이 있는 사람을 받들며, 어진 사람과 어리석은 사람을 분별하고 무식한 사람을 용서하라.

일이 순리대로 오거든 물리치지 말고, 일이 이미 지나갔거든 따라가지 말며, 몸이 아직 때를 만나지 않았거든 바라지 말고, 일이 이미 지나갔거든 생각하지 말라. 총명한 사람도 어두운 때가 많고, 셈이 빠른 사람도 원래의 계산을 벗어날 수도 있다. 남에게 해를 끼치면 마침내 자기도 잃게 될 것이요, 세력에 의존하면 재앙이 서로 따라온다. 경계할 것은 마음에 있고, 지킬 것은 기운에 있다. 절약하지 않다가 집안을 망하게 하고 청렴하지 않기 때문에 지위를 잃는다.

그대에게 평생을 두고 스스로 경계할 것을 권하노니, 탄복할 만하고 놀랄 만하고 두려워할 만하다. 위에는 하늘의 거울이 그대를 굽어보고, 아래에는 땅의 신령이 그대를 살피고 있다. 밝은 곳에는 임금의 법이 서로 이어져 왔고, 어두운 곳에는 귀신이 서로 따르고 있다. 오직 바른 것을 지켜야 하고 마음을 속여서는 안 되니, 경계하고 경계하라."

紫虛元君誠諭心文曰 福生於淸儉 德生於卑退 道生於安靜
자 허 원 군 성 유 심 문 왈 복 생 어 청 검 덕 생 어 비 퇴 도 생 어 안 정

命生於和暢 患生於多慾 禍生於多貪 過生於輕慢 罪生於不仁
명 생 어 화 창 환 생 어 다 욕 화 생 어 다 탐 과 생 어 경 만 죄 생 어 불 인

戒眼 莫看他非 戒口 莫談他短 戒心 莫自貪嗔 戒身 莫隨惡伴
계 안 막 간 타 비 계 구 막 담 타 단 계 심 막 자 탐 진 계 신 막 수 악 반

無益之言 莫妄說 不干己事 莫妄爲
무 익 지 언 막 망 설 불 간 기 사 막 망 위

尊君王孝父母 敬尊長奉有德 別賢愚恕無識 物順來而勿拒
존 군 왕 효 부 모 경 존 장 봉 유 덕 별 현 우 서 무 식 물 순 래 이 물 거

物旣去而勿追 身未遇而勿望 事已過而勿思 聰明 多暗昧 算計
물 기 거 이 물 추 신 미 우 이 물 망 사 이 과 이 물 사 총 명 다 암 매 산 계

失便宜 損人終自失 依勢禍相隨 戒之在心 守之在氣 爲不節而亡家
실 편 의 손 인 종 자 실 의 세 화 상 수 계 지 재 심 수 지 재 기 위 부 절 이 망 가

因不廉而失位 勸君自警於平生 可歎可驚而可畏 上臨之以天鑑
인 불 렴 이 실 위 권 군 자 경 어 평 생 가 탄 가 경 이 가 외 상 림 지 이 천 감

下察之以地祇 明有王法相繼 暗有鬼神相隨 惟正可守 心不可欺
하 찰 지 이 지 기 명 유 왕 법 상 계 암 유 귀 신 상 수 유 정 가 수 심 불 가 기

戒之戒之
계 지 계 지

【평설】좋은 것으로는 복福, 덕德, 도道, 수명壽命, 나쁜 것으로는 근심, 재앙, 허물, 죄가 무엇으로부터 생겨나는지에 대해 말했다. 좋고 나쁜 것이 어디에서 생겨나는지를 알아야, 만들기도 하고 없애기도 할 수 있기 때문이다.

그 다음으로는 하지 않아야 할 일을 나열하며, 눈, 입, 마음, 몸가짐, 쓸데 없는 말, 자신과 상관없는 일을 경계할 것을 말했다. 다음은 행해야 할 것인데 임금·부모·어른·유덕자有德者를 대우하는 일, 사람을 잘 알아보는 일, 무식한 사람을 용서하는 일을 들었다.

또, 처신과 당부에 대해서 말한다. 순리順理에 따라서 처신할 것을 주문 하고, 삶을 살아가며 지켜야 할 일에 대한 당부도 함께 했다. 하늘이나 땅 모두가 환히 나를 지켜보고 있으니 바른 것을 지키고 마음을 속이지 말라는 말로 마무리했다.

6부.

안분편 安分篇

분수에
만족하라

1

『경행록』에 말하였다. "만족할 줄 알면 즐거울 수 있고, 탐욕에 힘 쓰면 근심이 따른다."

景行錄云 知足可樂 務貪則憂
경 행 록 운 지 족 가 락 무 탐 즉 우

【평설】 만족은 현재의 상태에 감사하게 하고, 없는 것을 욕망하지 않게 해준다. 그러나 만족은 말처럼 쉬운 일이 아니다. 만족하지 못할 때 불만을 느끼게 되고, 불만은 지금 누리고 있는 행복과 감사를 앗아간다. 충분히 행복하고 감사할 일도 그것을 제대로 느낄 수 없게끔 된다. 만족을 느끼지 못하게 되는 것은 스스로 현실을 불행하게 만들어 가는 것과 같다. 또, 욕심은 끝이 없으니 즐거움은 저 멀리 달아나고 근심이 찾아와 자리를 잡는다. 만족과 욕심에 따라 두 개의 갈림길이 앞에 놓여 있다. 기쁨의 길로 갈 것인가. 근심의 길로 갈 것인가.

2

만족할 줄 아는 사람은 가난하고 천하여도 즐거울 것이요, 만족할 줄 모르는 사람은 부유하고 귀해도 역시 근심한다.

知足者 貧賤亦樂 不知足者 富貴亦憂
지 족 자 빈 천 역 락 부 지 족 자 부 귀 역 우

【평설】 행복의 여부는 빈천과 부귀에 달려 있는 것이 아니라, 만족과 불만족에 달려 있는 것이다. 만족할 줄 알면 객관적인 상황이 어떠하든 행복감을 느낄 수 있다. 행복할 준비가 되어 있는 사람은 행복하게 되지만, 불행할 준비가 되어 있는 사람은 불행하게 된다. 부탄은 세계 최빈국 중에 하나인데도 행복지수는 세계 1위이다. 부탄은 어떤 선진국도 실천한 적 없는 행복 정책을 실험하고 있다. 그들은 물질적 욕망을 자제하고 정신적 가치를 중시했다. 객관적으로 보면 행복감을 느낄 것이 없어 보이지만 그들은 스스로 행복을 찾았다. 행복은 무엇으로 말미암아 찾아오는 것이 아니라는 사실을 그들을 보면서 새삼 다시 알 수 있다.

3

지나친 생각은 오직 정신을 소모하게 만들지만, 경솔한 행동은
도리어 재앙을 부른다.

濫想 徒傷神 妄動 反致禍
남 상 도 상 신 망 동 반 치 화

【평설】 생각을 많이 한다고 무조건 좋은 것이 아니다. 지나치게 생각에
매몰되다 보면 오히려 올바른 판단을 하기가 어렵고, 정도가 심하면 마
음에 병이 되기도 한다. 반면 함부로 가볍게 행동하는 것은 남에게 미움
을 사서 앙갚음을 받게 된다. 생각은 내면에서 일어나기 때문에 나 하나
만 병들게 하지만, 행동은 외면으로 드러나 남에게 상처를 입힌다. 생각
보다 행동을 더 조심하라는 당부다.

4

만족할 줄 알아서 늘 만족하게 되면 평생 욕되지 아니하고, 그쳐
야 하는 데를 알아서 늘 그치게 되면 평생 부끄러울 일이 없을 것
이다.

知足常足 終身不辱 知止常止 終身無恥
지 족 상 족 종 신 불 욕 지 지 상 지 종 신 무 치

【평설】만족[足]과 그침[止]은 중요하지만 어려운 문제다. 어느 정도에서
만족하고, 어느 시점에서 그칠 것인가? 조금 더 가지고 더 나가 보자는
순간 천 길 낭떠러지로 추락하게 된다. 결국 그 선을 넘기면 감당하기 힘
든 치욕이 기다리고 있을 뿐이다.

이러한 지족止足에 대해서 옛사람들은 지족암止足庵 또는 지족정止足亭
등을 집이나 정자 이름으로 삼아 자신을 경계하였다. 『노자』老子 「입계」
立戒에 "만족할 줄을 알면 욕되지 않고, 그칠 줄을 알면 위태롭지 않아서,
오래갈 수 있다"라고 나온다. 또, 지족은 안지추顏之推의 『안씨가훈』顏氏
家訓에도 하나의 편명으로 들어가 있다. 이 밖에도 여러 기록에 지족이
심심치 않게 등장하고 있다. 스스로 만족감을 갖는다면 다 가진 것이나
다름없다. 반면 다 갖고 있더라도 만족감을 느낄 줄 모른다면 하나도 갖
고 있지 않은 셈이다. "만족감을 느끼고 거기서 그쳐라. 그만하면 됐다."

5

❧

『서경』書經에 말하였다. "자만은 손해를 부르고, 겸손하면 이익을 받는다."

書曰 滿招損 謙受益
서 왈 만 초 손 겸 수 익

【평설】 이 글은 『서경』 제1편 「우서」虞書 '대우모'大禹謨 3에 나온다. 자신을 높이고 중시할수록 남에게 무시를 당하지만, 자신을 낮추고 비울수록 남에게 대접을 받는다. 간단한 이치이지만 실천하기는 결코 쉽지 않다. 진정한 겸손은 상대방에 따라 자신의 키를 낮추는 것이 아니라, 자신을 땅처럼 낮추는 일이다. 그런데 겸손이라고 다 좋은 것은 아니다. 겸손을 가장한 교만은 교만 중에 가장 무서운 교만이다. 「잠언」 16장 18절에 "교만은 패망의 선봉이요, 거만한 마음은 넘어짐의 앞잡이니라"라 나온다. 자만, 교만, 오만, 거만 등을 늘 경계하면서 살아야 한다.

＞●

『안분음』^{安分吟}에 말하였다. "분수를 편안히 받아들이면 몸에 욕
됨이 없을 것이요, 기미를 알아차리면 마음이 저절로 한가할 것
이다. 비록 인간 세상에 살고 있더라도 도리어 인간 세상을 벗어
난 것이다."

安分吟曰 安分身無辱 知幾心自閑 雖居人世上 却是出人間
안 분 음 왈 안 분 신 무 욕 지 기 심 자 한 수 거 인 세 상 각 시 출 인 간

【평설】 이 시는 소옹^{邵雍}의 작품이다. 여기서 안분^{安分}과 지기^{知機} 두 가
지가 있다면 세속을 초월하는 경지에 이른다고 했다. 안분은 분수에 만
족하는 것이니 현재 상태를 있는 그대로 담담하게 받아들이는 것이고,
지기란 미세한 변화를 감지하는 능력이니 미래를 대비하는 능력이다. 현
재를 그대로 인정하면서 미래를 정확히 읽어 내라는 당부다. 단순해 보
이지만 아무나 할 수 있었다면, 세상을 초탈한 경지에 이른 것이라 했을
리 없다.

공자가 말하였다. "그 지위에 있지 않으면, 그 정사政事를 도모하지 않는다."

子曰 不在其位 不謀其政
자 왈 부 재 기 위 불 모 기 정

【평설】이 글은 『논어』「태백」泰伯에 나온다. 자신의 직분이나 지위를 벗어난 일에 대해서는 관여하지 말고, 현재 맡은 처지에서 최선을 다하라는 말이다. 이 말은 은퇴하는 사람들이 더 이상 현실 정치에 미련을 가지지 않겠다는 다짐으로 사용되기도 한다. 대만의 남회근南懷瑾 선생은 『논어』의 이 부분을 전해 오는 고시를 들어 설명하여 "영웅은 늙으면 불법에 귀의하고, 노련한 장수는 산으로 돌아온 후 병법을 논하지 않는다"英雄到老皆歸佛 宿將還山不論兵라 하였다.

중국 공산당 원로 완리萬里는 1993년 3월 31일 정계에서 은퇴한 뒤 다음과 같은 말을 했다. "자리에 있지 않으면不在其位, 정치를 도모하지 않고不謀其政 세상사를 묻지 않고不問事 세상사에 관여하지 않고不管事 일을 만들지 않는다不惹事." 그리고 3대 원칙으로는 은퇴 후에 테이프 커팅식에서 테이프를 끊으러 다니지도 않고, 명예직도 사양하며, 남의 글에 서문 따위를 써 주지도 않는다는 것이 있다.

이왕 이야기가 나온 김에 다른 은퇴의 변도 하나 더 소개한다. 원자바오

溫家寶 전 중국 총리는 4불不 원칙을 세운 것으로 알려졌다. 첫번째는 베이징에 거처를 마련하지 않고 고향인 톈진天津으로 돌아가 거주한다. 원전 총리는 1942년 톈진 근교 농촌에서 태어났다. 두번째로 언론의 취재에 응하지 않는다. 세번째 원칙은 새 지도부의 행보에 대해 논하지 않는다. 마지막은 회고록을 쓰지 않는다. 물러날 때가 언제인가를 아는 이의 뒷모습은 아름답다.

자신의
마음을
보존하라

1

❧

『경행록』에 말하였다. "비밀스러운 방에 앉아 있어도 마치 왕래가 잦은 사거리에 앉은 것처럼 여기고, 마음을 다루기를 마치 여섯 필의 말을 부리듯 하면 허물을 면할 수 있다."

景行錄云 坐密室 如通衢 馭寸心 如六馬 可免過
경 행 록 운 좌 밀 실 여 통 구 어 촌 심 여 육 마 가 면 과

【평설】 이 글은 『성심잡언』과 『사학규범』仕學規範에 나온다. 아무도 모르는 비밀스러운 방에 앉아 있으면 남이 볼 때는 결코 하지 않을 행동을 하기 쉽다. 그런데 그런 곳에서도 사람들이 자주 왕래하는 사거리에 앉아 있는 것처럼 하라고 했다. 남이 있든 없든 간에 내가 지켜야 할 도리를 지켜야 한다. 늘 누군가는 나를 지켜보고 있다는 생각은 느슨해지는 나를 스스로 먼저 용납지 않게 만든다. 마음은 변화무쌍하다. 마음을 놓는 방심放心을 하지 말고 마음을 꽉 잡는 조심操心을 해야 한다. 또, 놀러 나가기 쉬운 마음을 잘 간수하는 구방심救放心도 필요하다. 그러니 마음을 마치 수레를 모는 여섯 필의 말을 섬세하게 다루는 것처럼 해야 한다. 그렇게 되면 자연스럽게 실수나 과실을 줄이거나 없앨 수 있다.

결국 이 두 가지 이야기는 혼자 있을 때에도 도리道理에 어그러짐이 없도록 삼가는 신독愼獨을 말한 것이다. 다른 사람과 상관없이 한결같이 자신의 행동을 엄격히 해야 하고, 마음을 다잡아야 한다.

2

「격양시」擊壤詩에 말하였다. "부귀를 만약 지혜로 구할 수 있는 것이라면, 공자도 어린 나이에 당연히 제후에 봉해졌을 것이다. 세상 사람들은 하늘의 뜻을 알지 못한 채, 부질없이 몸과 마음을 한밤중까지 근심겹게 한다."

擊壤詩云 富貴如將智力求 仲尼年少合封侯 世人不解靑天意
격 양 시 운 부 귀 여 장 지 력 구 중 니 년 소 합 봉 후 세 인 불 해 청 천 의
空使身心半夜愁
공 사 신 심 반 야 수

【평설】 부귀라는 것은 지혜에 비례해서 얻어지는 것인가? 만약 그랬다면 인류의 사표師表인 공자 같은 인물은 어린 나이에 부귀를 가질 수 있었을 것이다. 그러나 공자의 삶은 말 그대로 고난의 삶이었다. 그는 평생토록 그에게 어울리는 현실적 보상을 받지 못했다. 어쩌면 부귀 대신 주어진 시련과 고통이 공자를 그토록 훌륭한 인물로 만든 큰 자산이 되었을지도 모른다.

『맹자』「고자 하」告子下에 "하늘이 장차 큰일을 맡기려 할 때는 반드시 먼저 그 사람의 마음을 괴롭히고, 그 사람의 몸을 고단하게 하며, 그 사람의 육체를 굶주리게 하고, 그 사람의 생활을 곤궁하게 해 그 사람이 하려는 일을 어렵게 만든다. 이것은 그 사람의 마음을 분발시키고 성질을 참게 하여, 일찍이 잘하지 못했던 일을 더욱 잘 할 수 있게 해주기 위함이다"라

고 하였다. 이처럼 역설적으로 하늘은 크게 쓰일 인물에게 부귀 같은 것으로 꼭 보상해 주지 않는다.

하늘이 능력에 따라 인간에게 부귀를 부여하지 않는다는 사실은 모른 채, 세상에서 합당한 대접을 받지 못하고 있다 자책한다. 전인범 장군은 "승진은 노래방 점수와 같다"라고 했다. 노래 실력이 꼭 뛰어나다고 노래방에서 높은 점수가 나오지 않는 것처럼, 승진도 실력에 따라 이루어지는 것은 아니라는 말이다. 사회적 보상이란 많은 경우에 부작위로 이뤄진다. 그러니 밤에 잠을 이루지 못하면서 자기의 노력과 실력에 걸맞은 합당한 보상이 이루어지지 않았음을 근심할 것은 없다.

범충선공范忠宣公이 자제를 경계하여 말하였다. "사람이 비록 아주 어리석을지라도 남을 꾸짖는 데엔 똑똑하고, 비록 총명할지라도 자기를 용서하는 데엔 어리석다. 너희들은 항상 남을 꾸짖는 마음으로 자신을 꾸짖고, 자신을 용서하는 마음으로 남들을 용서한다면, 성현의 경지에 이르지 못함을 걱정할 것이 없다."

范忠宣公 戒子弟曰 人雖至愚 責人則明 雖有聰明 恕己則昏 爾曹
범 충 선 공 계 자 제 왈 인 수 지 우 책 인 즉 명 수 유 총 명 서 기 즉 혼 이 조
但常以責人之心 責己 恕己之心 恕人 則不患不到聖賢地位也
단 상 이 책 인 지 심 책 기 서 기 지 심 서 인 즉 불 환 부 도 성 현 지 위 야

【평설】 이 글은 『소학』과 『송명신언행록』宋名臣言行錄에 나온다. 범충선공은 범순인范純仁(1027~1101)을 말한다. 충선忠宣은 그의 시호이다. 범순인은 명재상 범중엄의 아들로, 자는 요부堯夫이며, 벼슬은 관문전 태학사觀文殿太學士에 이르렀다. 범중엄이 아들 순인을 고소姑蘇에 보내어 보리 500섬을 운반하게 하였다. 범순인이 보리를 싣고 가다가 단양丹陽에 이르렀을 때, 아버지의 친구 석만경石曼卿이 두 달 동안이나 부친의 상喪을 치르지 못하고 있다는 말을 듣고 보리를 실은 배를 주고 오자 범중엄이 흡족해했다고 한다.

제아무리 어리석은 사람도 남의 잘못된 점을 지적하는 데에는 똑똑하지만 아주 총명한 사람도 자신을 용서하는 문제에 대해서는 어리석은 법이

다. 남들은 거칠 것 없이 비판하더라도 자신의 문제에 대해서는 눈을 질 끈 감아 버린다. 이것은 똑똑한 이나 어리석은 이나 다를 바 없다. 남을 지적하는 날카로운 잣대로 자신을 대하고, 나를 용서하던 부드러운 태도 로 남을 대해야 한다. 말이 쉽지 아무나 실천할 수 있는 수준의 일이 아 니다. 이것을 실천했다면 이미 성현의 반열에 오른 셈과 다를 바 없다.

끝으로 윗글에 어울리는 시 구절이 생각나 소개한다. "친구가 원수보다 더 미워지는 날이 많다. 티끌 만한 잘못이 맷방석만 하게 동산만 하게 커 보이는 때가 많다. 그래서 세상이 어지러울수록 남에게는 엄격해지고 내 게는 너그러워지나 보다."(신경림, 「동해바다」 중에서)

공자가 말하였다. "총명하고 슬기로울지라도 어리석음으로 지키고, 공이 세상을 덮을 만하더라도 겸양으로 지키며, 용기와 힘이 세상에 떨친다 하더라도 겁으로 지키고, 부유함이 온 세상을 차지할 정도라도 겸손으로써 지켜 내어라."

子曰 聰明思睿 守之以愚 功被天下 守之以讓 勇力振世 守之以怯
자 왈 총 명 사 예 수 지 이 우 공 피 천 하 수 지 이 양 용 력 진 세 수 지 이 겁
富有四海 守之以謙
부 유 사 해 수 지 이 겸

【평설】 이 글은 『공자가어』孔子家語에 나온다. 이 세상 사람들이 부러워할 총명, 업적, 용기, 부유함 등 모든 조건을 다 갖추었더라도, 기억해야 할 것은 어리석음[愚], 겸양[讓], 겁[怯], 겸손[謙] 등이다. 남보다 뛰어난 조건을 갖춘 사람은 안하무인眼下無人이 되어 남들을 업신여기기 쉽다. 그러나 그렇게 행동했다가는 남들이 부러워했던 조건들을 한순간 다 잃을 수도 있다. 또 이런 조건의 사람들은 남들의 눈에 띄어 똑같은 행동을 하더라도 욕이나 지탄을 더 많이 받게 된다. 잘되고 잘 풀린 사람일수록 세상 사람들이 요구하는 모습보다 더 한층 낮추어야 한다.

5

✼

『소서』素書에 말하였다. "조금 베풀고서 많이 바라는 사람에게는 보답이 없고, 몸이 귀하게 되어 천했던 때를 잊은 자는 오래가지 못한다."

素書云 薄施厚望者 不報 貴而忘賤者 不久
소 서 운 박 시 후 망 자 불 보 귀 이 망 천 자 불 구

【평설】남에게 베푼 것은 잊고 받은 것은 기억해야 한다. 그러나 이와는 반대로 베푼 것은 기억하고 받은 것은 쉽게 잊어 먹는다. 남에게 베푼 것을 기억하면 상대방에게 섭섭함이 생긴다. 상대방이 자신에게 받은 만큼 베풀지 않는다고 생각하기 때문이다. 섭섭함이 생기면 표현되고 그러면 베풀지 않았던 사이보다도 더 멀어지게 된다. 자신이 생각하기에 남에게 많이 베풀었어도 이러한데, 보잘것없이 베풀고도 남에게 기대가 크다면 그 작은 보답마저도 돌아오지 않기 마련이다.

또, 귀하게 되고서 천하게 있을 때의 기억을 모조리 잊기도 한다. 한마디로 개구리 올챙이 시절을 잊어버린다는 말이다. 그렇게 되면 그동안 함께했던 사람들도 모두 등을 돌리게 되고, 그 자리를 오래도록 보존할 수도 없게 된다. 아래에 있던 시절의 쓰라린 기억을 떠올리며 그때 느꼈던 좌절과 울분을 기억해야 한다. 그래서 윗자리에 올라가서 아랫사람에게 똑같은 상처를 입히지 않고, 누군가에게 상처를 입은 사람이 있다면 치

유해 주어야 한다. "서는 곳이 달라지면 풍경이 달라진다"는 말이 있다. 자신은 애초부터 아래에 있을 사람이 아니었고, 아래에 있어 본 적이 없던 사람처럼 군다면, 하늘은 그 사람을 오래지 않아 예전의 자리로 되돌려 준다.

6

❦

은혜를 베풀었거든 보답을 구하지 말고, 남에게 주었거든 후회하지 말라.

施恩 勿求報 與人 勿追悔
시 은 물 구 보 여 인 물 추 회

【평설】 남이 알아주기를 바라는 시은施恩은 진실된 마음이 아니라, 자신의 공명심을 위한 일이거나 자신을 좋은 사람으로 포장하기 위해서이다. 은혜나 물건을 남에게 베풀었거나 주었다면 그 자리에서 잊어버리고 그일에 대한 보답이나 후회를 하지 말아야 한다. 보답이나 후회를 할 것 같으면 아예 처음부터 아무것도 베풀지 않는 것이 더 낫다. 준 것은 잊어버리고 받은 것은 기억해야 하는 법이다. 너무도 당연하고 지당한 말이지만 우리는 꼭 이와는 반대로 행동한다.

7

손사막孫思邈이 말하였다. "담력은 크게 가지려고 하지만 마음가
짐은 세심하게 하고자 하고, 지혜는 원만하게 하고자 하지만 행
동은 반듯하게 하고자 하라."

孫思邈曰 膽欲大而心欲小 知欲圓而行欲方
손 사 막 왈 담 욕 대 이 심 욕 소 지 욕 원 이 행 욕 방

【평설】 이 글은 『구당서』舊唐書 「손사막열전」孫思邈列傳과 『소학』 등에 나
온다. 손사막은 음양과 의술에 통달한 인물이다. 치밀한 내면의 삶과 반
듯한 외면의 삶을 함께 주문한 말이다. 배포는 크게 가져야 하지만, 마음
은 세심하게 배려하고, 지혜는 다른 견해와 생각에 여지를 주면서 원만
해야 하지만, 행동은 물러 빠지지 말고 딱 부러지게 해야 한다. 이와 순
서를 반대로 하게 되면 항상 문제가 발생하기 마련이다. 이를테면 마음
은 크지만 배포는 작기만 하고, 지혜는 제 견해만 고수하고 행동은 물러
터졌다면, 이런 사람을 어디에다 쓰겠는가?

8

생각마다 싸움터에 나아가는 것처럼 임해야 하고, 마음마다 늘 다리를 건널 때와 같이 해야 한다.

念念要如臨戰日 心心常似過橋時
염 념 요 여 임 전 일 심 심 상 사 과 교 시

【평설】 이 글은 『증광현문』에 "念念有如臨敵日, 心心常似過橋時"라고 나온다. 생각은 전쟁터에 나가는 것처럼 비장하게 하고 마음은 다리를 건널 때처럼 조심스럽게 해야 한다. 항상 긴장감 속에 살아야 한다는 말씀이다. 두려움과 떨림은 우리를 단단하게 만들어 준다.

9

법을 두려워하면 아침마다 즐거울 것이요, 공적인 일을 속이면 날마다 근심할 것이다.

懼法朝朝樂 欺公日日憂
구 법 조 조 락 기 공 일 일 우

【평설】 이 글은 『증광현문』에 나온다. 지켜야 할 것은 공公과 법法이니, 이것만 지키면 매일 마음은 즐거워지고 근심은 사라지게 된다. 속이려 하는 마음으로 살면 혹시 남들이 알아챌까 봐 근심이 찾아오고, 두려워 하는 마음으로 살면 잘못을 저지르지 않게 되어 즐거움이 찾아온다.

10

주자가 말하였다. "입을 지키기를 병뚜껑을 닫는 것처럼 하고, 뜻을 굳게 지키기를 성을 지키듯이 해야 한다.

朱文公曰 守口如瓶 防意如城
주 문 공 왈 수 구 여 병 방 의 여 성

【평설】 이 글은 주자의 「경재잠」敬齋箴과 『증광현문』에 보인다. 宋나라 명재상 부필富弼이 80세 되던 해에 병풍에 썼던 말이기도 하다. 말이란 한번 입에서 나오면 주워 담을 수 없으니 병 주둥이를 마개로 막은 것처럼 단단히 지켜야 한다. 또, 뜻이란 흔들리기 쉽다. 그러니 평소에 품었던 좋은 생각은 허물어지지 않게 지키고, 사특한 생각은 들어오지 못하게 지켜야 한다.

『주자어류』朱子語類의 설명은 다음과 같다. 주희가 문인에게 이 대목을 설명하면서 "수구여병은 아무렇게나 말을 하지 않는 것이요, 방의여성은 외물의 유혹을 받는 것을 두려워함이다"라고 하였고, 또 "수구여병은 함부로 말하지 않는 것이요, 방의여성은 바르지 못한 것이 안에 들어오는 것을 막는 것이다"라고 하였다. 정확한 본래의 의미는 수구여병은 말조심하라는 것이고, 방의여성은 밖에서 안으로 유혹을 포함한 바르지 못한 것들의 침입을 막아야 한다는 것이다.

11

마음이 남을 저버리지 않았으면 얼굴에 부끄러운 빛이 드러날 일
이 없다.

心不負人 面無慙色
심 불 부 인 면 무 참 색

【평설】 이 글은 『오등회원』五燈會元에 나온다. 남을 속이거나 뒤통수를
쳤다면, 혹시나 그 사람이 사실을 알아채지나 않았을까 속을 끓이게 되
고 겉으로 떳떳한 기색보다 부끄러운 낯빛을 띠게 된다. 그러니 남을 진
실되게 대해야 한다. 맞지 않는 사람과 굳이 만날 필요가 없으며, 만나는
사람들에게 딴마음을 품을 필요도 없다.

12

사람은 백 살을 사는 사람이 없는데도 그릇되이 천 년의 계획을 세운다.

人無百歲人 枉作千年計
인 무 백 세 인 왕 작 천 년 계

【평설】 인간은 고작 백 년도 살지 못한다. 백수白壽를 채운다 해도 건강한 몸과 정상적인 사고로 활동할 수 있는 시간은 그보다도 훨씬 못 미친다. 그런데도 인간들은 마치 영원히 살 것처럼 행동한다. 일모도원日暮途遠, 날은 저물어 가는데 갈 길은 많이 남았다. 그러니 이 말을 잊지 않아야 한다. "죽음을 기억하라!"(Memento Mori) 중년의 나이란 서서히 저물어 가고 있는 때이다. 일을 무작정 늘리기보다는 서서히 줄여 나가야 한다. 너무 원대한 계획도 교만의 다른 이름이다.

13

구래공寇萊公의 「육회명」六悔銘에 말하였다. "관리가 부정을 저지르면 벼슬을 잃었을 때 후회하고, 부자가 검소하지 않으면 가난해졌을 때 후회하며, 젊어서 재주를 배우지 않으면 시기가 지났을 때 후회하고, 일을 보고 배우지 않으면 써먹을 때 후회하고, 취한 뒤에 함부로 말을 하면 술이 깼을 때 후회하고, 편안할 때 건강을 돌보지 않으면 병들었을 때 후회한다."

寇萊公六悔銘云 官行私曲失時悔 富不儉用貧時悔 藝不少學過時悔
구 래 공 육 회 명 운 관 행 사 곡 실 시 회 부 불 검 용 빈 시 회 예 불 소 학 과 시 회
見事不學用時悔 醉後狂言醒時悔 安不將息病時悔
견 사 불 학 용 시 회 취 후 광 언 성 시 회 안 부 장 식 병 시 회

【평설】 구준寇準(961~1023)은 송宋나라 명재상으로 구래공寇萊公은 그가 뒤에 내국공에 봉해졌기 때문에 붙여진 이름이다. 구준은 여섯 가지 후회에 대해 말했다. 관리의 부정, 부자의 낭비, 재주와 배움, 음주와 건강은 저지르거나 잃은 뒤에 엄청난 대가를 치러야 한다. 성호 이익李瀷 (1681~1763)은 이 글을 읽고 자신도 느낀 바가 있어서 본인의 육회명六悔銘을 쓰기도 했다. 주자의 경우도 후회되는 열 가지 일을 꼽아 주자십회 朱子十悔를 썼다.

후회처럼 무의미한 일도 없다. 후회하는 그 순간들이 세월이 지나게 되면 후회하게 될 일이 될 수도 있다. 그러니 후회할 짓을 하지 않아 뒷날

의 후회거리를 만들지 않는 것이 최상의 방책이다. 후회는 반성의 시간을 가져다준다는 의미에서는 긍정적이며, 과거에 얽매여 있게 한다는 의미에서는 부정적이다. 그러나 이런 유명한 인사들이 자신의 후회를 토로하는 것은 뒷사람에게 똑같은 후회를 저지르지 않게 하는 데 도움을 주겠다는 의미이니 고마운 일이 아닐 수 없다.

14

『익지서』益智書에 말하였다. "차라리 아무 걱정거리 없이 집이 가 난할지언정 걱정거리가 있으면서 집이 부유하지 말 것이요, 차라 리 걱정거리 없이 초가집에서 살지언정 걱정거리 있으면서 좋은 집에 살지 말 것이요, 차라리 병이 없이 거친 밥을 먹을지언정 병 이 있어 좋은 약을 먹지 말 것이다."

益智書云 寧無事而家貧 莫有事而家富 寧無事而住茅屋
익 지 서 운 영 무 사 이 가 빈 막 유 사 이 가 부 영 무 사 이 주 모 옥

不有事而住金屋 寧無病而食麤飯 不有病而服良藥
불 유 사 이 주 금 옥 영 무 병 이 식 추 반 불 유 병 이 복 량 약

【평설】 아무것도 벌어지지 않은 날이 행복이다. 누가 한 말인지 기억은 나지 않지만 방송에서 어떤 연예인이 "베개를 베고 누워서 떠오르는 걱 정이 없는 것이 행복한 것이다"라 지나가듯 말했다. 정작 본인은 멋진 말 을 했는지도 모르고 지나갔겠지만, 행복에 대한 소박하지만 정확한 정의 임에 분명하다.

걱정거리가 없으면서 가난하게 초가집에 사는 것이 낫지, 걱정거리가 있 으면서 부유하게 고대광실 좋은 집에 살면 무엇 하겠나. 또 아프면서 좋 은 약 먹기보다 아프지 않으면서 거친 밥을 먹는 게 더 낫다. 너무나 타 당한 말이다. "행복을 모르면 불행이 와서 가르쳐 준다"고 한다. 지금 내 게 있는 것을 만족하는 것이 행복이고, 내게 없는 것을 욕망하는 것이 불

행이다. "뿔을 준 동물에게 이를 주지 않는다"라 했으니 하늘은 다 주지 않는다. 무엇을 주었다면 무언가를 빼앗아 간다. 갖고 있는 것도 잃어버리기 전에 감사한 마음으로 살아야 한다.

15

마음이 편안하면 초가집도 편안하고, 성품이 안정되면 나물국도 향기롭다.

心安茅屋穩 性定菜羹香
심 안 모 옥 온 성 정 채 갱 향

【평설】 마음이 편안하고 성품이 안정되면 초라한 집과 먹거리도 타박할 일이 없다. 행복은 물질적인 조건을 따라 오는 것이 아니다. 부자일수록 행복감을 더 많이 느낄 것 같지만 사실은 그렇지 않다. 영화 〈다가오는 것들〉(Things to come, 2016)을 보면 알랭으로 더 잘 알려진 에밀 샤르티에의 행복론이 나오는데 행복에 대해서 잘 정의하고 있다. "우리는 행복을 기대한다. 만일 행복이 오지 않는다면 희망은 지속되며 이 상태는 자체로서 충족된다. (……) 원하는 것을 얻고 나면 덜 기쁜 법, 행복해지기 전까지만 행복할 뿐이다." 마음이 불편하면 그 어떤 호사도 결코 행복감을 가져다줄 수 없다.

16

❧

『경행록』에 말하였다. "남을 꾸짖는 자는 사귐을 온전히 유지할 수 없고, 자기를 용서하는 사람은 허물을 고치지 못한다."

景行錄云 責人者 不全交 自恕者 不改過
경 행 록 운 책 인 자 부 전 교 자 서 자 불 개 과

【평설】 사귐을 온전히 하는 방법에는 어떤 것이 있을까? 『예기』 「곡례 상」曲禮上에 "군자가 남들이 자신에게 베푸는 호의를 남김없이 하게 하지 않고, 남들이 정성을 다해 대하는 것을 바라지 않는 것은 사귐을 온전하게 하기 위해서이다"라는 말에 적절한 답이 있다. 어쩌면 결코 좁힐 수 없는 타인과의 거리를 더 이상 좁히려고 시도하지 않는 것이 그 관계를 지속시키는 힘이 될 수 있다.

과실을 고치는 방법에는 어떤 것이 있을까? 『심경부주』心經附註: 송宋 때 학자 진덕수眞德秀가 성현의 심법心法이 표현된 경전에서 중요한 부분들을 뽑아 모은 책인 『심경』에 명明나라 정민정程敏政이 해설을 덧붙인 책 본장本章에 "허물을 고치는 것은 우레가 맹렬한 것처럼 해야 한다"라 하였고, 『서경』 「중훼지고」 仲虺之誥에는 "바로 허물을 고치는 것을 아끼지 않는다"라고 하였다. 허물은 강렬한 의지와 주저 없는 태도로 고치라는 말이다.

남에게는 관대하게 대하고 자신에게는 엄격하게 대하는 것은 아주 평범한 진리이지만 막상 실천하려면 쉽지 않은 일이다. 남을 심하게 나무라

면 사귐을 유지하기 어렵고 자신을 용서하게 되면 자신의 잘못을 고칠

수가 없다. 남을 잘 나무라는 이는 자신을 용서하기도 쉽다. 결론은 남을

용서하고 자신을 질책하라는 당부다.

아침 일찍 일어나고 밤늦게 자면서 충성과 효도를 생각하는 사람은 남이 알아주지 않더라도 하늘이 반드시 알아줄 것이요, 배불리 먹고 따뜻하게 입어 편안하게 제 몸만 지키는 사람은 몸은 비록 편안하겠지만 그 자손은 어떻게 할 것인가?

夙興夜寐 所思忠孝者 人不知 天必知之 飽食煖衣 怡然自衛者
숙 흥 야 매 소 사 충 효 자 인 부 지 천 필 지 지 포 식 난 의 이 연 자 위 자

身雖安 其如子孫 何
신 수 안 기 여 자 손 하

【평설】 어떻게 살아야 할까? 남이나 사회를 위해 사는 사람은 존경받을 가치가 있지만, 제 몸만을 위해 사는 사람은 아무도 존경하지 않는다. 사적 이익을 위해 사는 삶은 그저 본전인 셈이다. 누구도 욕은 하지 않지만 누구에게도 칭찬을 받기는 힘들다. 공적 이익을 위해 사는 삶은 고단하고 외롭지만 이름이 오랫동안 남는다.

충과 효를 생각하는 사람은 하늘이 보답을 준다. 세상은 외면하더라도 하늘이 가져다준다는 보답은 따스한 위안이 되기에 충분하다. 반면 제 몸만을 위해 사는 사람은 당장이야 편안하겠지만 그 자손들에게 돌아갈 복이 있을 리 만무하다.

아내와 자식을 사랑하는 마음을 가지고서 부모를 섬긴다면 그 효

도가 매우 정성스러울 것이요, 부귀를 보전하려는 마음을 가지고

서 임금을 받든다면 하는 일마다 충성하지 않음이 없을 것이요,

남을 탓하는 마음으로 자신을 탓하면 허물이 적을 것이요, 자신

을 용서하는 마음으로 남을 용서한다면 사귐을 온전히 할 수 있

다.

以愛妻子之心 事親 則曲盡其孝 以保富貴之心 奉君 則無往不忠
이 애 처 자 지 심 사 친 즉 곡 진 기 효 이 보 부 귀 지 심 봉 군 즉 무 왕 불 충

以責人之心 責己 則寡過 以恕己之心 恕人 則全交
이 책 인 지 심 책 기 즉 과 과 이 서 기 지 심 서 인 즉 전 교

【평설】 자신에게는 누구나 아끼고 사랑하며 관대하지만, 남에게는 그와

반대로 한다. 자신과 남을 대하는 마음 사이에 있는 간극을 완전히 좁힐

수는 없겠지만, 좁히려는 시도와 좁혀지는 간격이 그 사람의 인격을 말

해 준다.

처자식을 사랑하는 마음, 부귀를 보존코자 하는 욕망, 남을 책망하는 마

음, 자기를 용서하는 마음은 모두가 욕망하기 때문에 실천하기 쉬운 일

이다. 가르치지 않아도 누구나 이런 일에 대해 강렬한 마음과 욕망을 품

고 있다. 그렇기 때문에 이와 반대로 행동하는 일은 결코 쉬운 일이 아니

다. 본성과 반대로 해야만 하는 일이어서, 물살을 거슬러 가는 연어처럼

어렵고 고단한 일이다. 그러나 일단 그런 경지에 도달하고 나면 남과 사회의 존경과 존중을 받게 된다.

19

너의 꾀가 좋지 못하면 후회한들 무슨 소용이 있겠으며, 너의 견해가 좋지 못하면 가르친다고 한들 무엇이 이롭겠는가? 자기 이익만 따진다면 도리에 어긋나고, 사사로운 뜻이 확고하면 공정함이 무너지게 된다.

爾謀不臧 悔之何及 爾見不長 敎之何益 利心專則背道 私意確則滅公
이 모 부 장 회 지 하 급 이 견 부 장 교 지 하 익 이 심 전 즉 배 도 사 의 확 즉 멸 공

【평설】 그 사람의 계책과 견해는 그 사람을 고스란히 다 보여 준다. 견해는 그가 여태 갖고 있던 비전을, 계책은 그가 앞으로 할 일에 대한 비전을 말한다. 이 계책과 견해가 좋지 못하면 후회한다고 해서 가르친다고 해서 소용이 없다. 비틀린 계책과 견해를 가진 사람은 자기 이익[利心]과 사사로운 뜻[私意]에만 관심을 두기 쉬워서, 도道와 공公은 무력화되기 쉽다.

20

일을 만들면 일이 생겨나고, 일을 덜면 일이 줄어든다.

生事事生 省事事省
생 사 사 생 생 사 사 생

【평설】 이익의 『성호사설』에 다음과 같이 나온다. "한 가지 이로움을 일으키는 것이 한 가지 해로움을 제거하는 것만 못하고, 한 가지 일을 만들어 내는 것이 한 가지 일을 줄이는 것만 못하다'고 한 것이 야율초재耶律楚材: 원元 태종太宗 때의 명신의 격언이다. 그런데 일찍이 어떤 소설을 보았는데, '일을 만들면 일이 생기고 일을 줄이면 일이 줄어든다' 했으니, 이 말이 더욱 간절하다."*

사람들은 바쁘다는 말을 입에다 달고 산다. 그러나 일 때문에 바쁘게 된 것은 자신의 오지랖 때문인 경우가 많다. 굳이 맺지 않아도 될 인간관계와 끼지 않아도 될 일에 얽히기 때문이다. 물건뿐 아니라 인간관계도 미니멀리즘이 필요하다. 내가 최선을 다할 수 있을 정도의 사람과 일에 자신의 역량을 집중시키는 것이, 나와 타인에게 최선을 다할 수 있는 길이다.

* 『성호사설』 '耶律格言'조: 興一利 不如除一害 生一事 不如省一事 耶律楚材之格言也 曾見一小說有云 生事事生 省事事省 語意更切

8부.

계성편 戒性篇

성품을
경계하라

1

『경행록』에 말하였다. "사람의 성품은 물과 같아서 물이 한 번 엎질러지면 되담을 수 없고, 성품이 한 번 방종해지면 바로 되돌릴 수 없을 것이니, 물을 제어하려는 사람은 반드시 제방堤防을 가지고 하고, 본성을 제어하려는 사람은 반드시 예법을 가지고 하여야 한다."

景行錄云 人性 如水 水一傾則不可復 性一縱則不可反 制水者
경 행 록 운 인 성 여 수 수 일 경 즉 불 가 복 성 일 종 즉 불 가 반 제 수 자
必以堤防 制性者 必以禮法
필 이 제 방 제 성 자 필 이 예 법

【평설】 성품[人性]을 물에 빗대 설명하고 있다. 함부로 행동하여 성품이 무너지기 시작하면, 못할 짓도 안할 짓도 없게 된다. 게다가 성품이 다시는 원래의 상태로 회복하기 어렵거나 불가능하다. 그렇기 때문에 예법禮法을 가지고 성품을 제어해서 함부로 행동하지 않게 해야 한다. 예법은 결코 의례적인 허례虛禮와는 다르다. 그것은 조금만 방심하면 쉽게 무너져 내릴 수 있는 나의 성품을 훌륭하게 지켜 준다.

2

한때의 화를 참으면 백 일의 근심을 면하게 된다.

忍一時之忿 免百日之憂
인 일 시 지 분 면 백 일 지 우

【평설】 화가 안에서 치밀어 오르는 것도 문제지만, 밖으로 드러내는 것은 더 큰 문제다. 화를 다스릴 수 없는 일이 심해지면 분노조절장애가 되기도 한다. 터져 나오는 화를 표출하면 상대방과의 관계나 일도 금세 틀어지게 마련이다. 한 번의 화를 참지 못한 결과는 혹독하기 짝이 없다. 사람들은 남의 화를 받아 줄 만큼 너그럽지 않다.

3

참을 수 있으면 우선 참고, 조심할 수 있으면 우선 조심하라. 참지 않고 조심하지 않으면 작은 일이 커지게 된다.

得忍且忍 得戒且戒 不忍不戒 小事成大
득 인 차 인 득 계 차 계 불 인 불 계 소 사 성 대

【평설】무슨 일이든 참고 조심하라. 그렇지 않으면 작은 일이 큰 일로 번진다. 한번 참지 않고 조심하지 않았던 대가는 혹독하게 돌아오기 마련이다.

어리석은 사람이 화를 내는 것은 다 이치를 알지 못하기 때문이
다. 마음에 불길을 더하지 말고 다만 귓전을 스치는 바람으로 여
겨라. 잘하고 못하는 것은 집집마다 있고, 더웠다가 서늘해졌다
가 하는 것은 어디나 똑같다. 옳고 그름이라는 것은 본래 실상이
없으니 마침내는 모두가 다 헛것이 된다.

愚濁生嗔怒 皆因理不通 休添心上火 只作耳邊風 長短家家有
우 탁 생 진 로 개 인 리 불 통 휴 첨 심 상 화 지 작 이 변 풍 장 단 가 가 유

炎涼處處同 是非無實相 究竟摠成空
염 량 처 처 동 시 비 무 실 상 구 경 총 성 공

【평설】 분노를 남에게 표출하는 것 자체가 아직 유아적이라는 반증이
다. 누구인들 화가 나는 일이 없겠는가마는 마음속에서 잘 다스려 남에
게 드러내지 않아야 한다. 장단長短, 염량炎涼, 시비是非는 고정된 것이 아
니라 가변적인 것이다. 이러한 모든 것이 가변적인 것이란 사실을 인정
하는 순간, 남에게 화를 낼 것도 없다는 사실을 깨닫게 된다. 그러니 이
모든 사실과 현상에 대한 판단이 내 자아와 자의식이 만들어 낸 허상에
불과할 뿐이다.

5

자장子張이 떠나고자 하면서 공자孔子에게 인사를 하고 말했다.

"원컨대 한 마디 말씀을 주시면 수신의 미덕美德으로 삼겠습니다."

공자가 말하였다.

"모든 행실의 근본은 참는 것이 상책이다."

자장이 말하였다.

"무엇을 위하여 참아야 합니까?"

공자가 말하였다.

"천자가 참으면 나라에 해로움이 없고, 제후가 참으면 큰 나라를 이루며, 관리가 참으면 그 지위가 올라가고, 형제가 참으면 집안이 부귀해지며, 부부가 참으면 일생을 함께 마칠 수 있고, 친구끼리 참으면 우정이 사라지지 않으며, 자신이 참으면 화가 없을 것이다."

子張 欲行 辭於夫子 願賜一言爲修身之美 子曰 百行之本
자 장 욕 행 사 어 부 자 원 사 일 언 위 수 신 지 미 자 왈 백 행 지 본

忍之爲上子張曰 何爲忍之子曰 天子忍之 國無害 諸侯忍之 成其大
인 지 위 상 자 장 왈 하 위 인 지 자 왈 천 자 인 지 국 무 해 제 후 인 지 성 기 대

官吏忍之 進其位 兄弟忍之 家富貴 夫妻忍之 終其世 朋友忍之
관 리 인 지 진 기 위 형 제 인 지 가 부 귀 부 처 인 지 종 기 세 붕 우 인 지

名不廢 自身忍之 無禍害
명 불 폐 자 신 인 지 무 화 해

【평설】 제자가 먼 길을 떠나며 스승에게 한 마디 말씀을 청했다. 그러자

공자는 하고 많은 말 중에서 참을 인忍을 말한다. 관계를 지속하는 힘을 참는 것[忍]에서 찾은 셈이다. 참는 것에는 무엇보다 강한 관계의 회복력이 있다. 당시에는 비록 섭섭하고 화가 나는 일이라 할지라도 내가 한번 참게 되면 상대의 마음을 누그러뜨리고 관계를 지속할 수 있게 만든다.

자장이 물었다.

"참지 않으면 어떻게 됩니까?"

공자는 말하였다.

"천자天子가 참지 않으면 나라가 텅 비게 되고, 제후諸侯가 참지 않으면 자신의 몸을 죽게 하며, 관리가 참지 않으면 형법에 따라 죽게 되고, 형제가 참지 않으면 각자 따로 살게 되며, 부부가 참지 않으면 자식을 외롭게 하고, 친구끼리 참지 않으면 정과 뜻이 소원해지며, 자신이 참지 않으면 근심이 덜어지지 않는다."

자장이 말하였다.

"좋고도 좋으신 말씀입니다. 참는 것이 어렵군요. 참는 것이 어렵군요. 사람이 아니면 참지 못할 것이요, 참지 못하면 사람이 아닙니다."

子張曰 不忍則如何 子曰 天子不忍 國空虛 諸侯不忍 喪其軀
자 장 왈 불 인 즉 여 하 자 왈 천 자 불 인 국 공 허 제 후 불 인 상 기 구
官吏不忍 刑法誅 兄弟不忍 各分居 夫妻不忍 令子孤 朋友不忍
관 리 불 인 형 법 주 형 제 불 인 각 분 거 부 처 불 인 영 자 고 붕 우 불 인
情意疎 自身不忍 患不除 子張曰 善哉善哉 難忍難忍 非人不忍
정 의 소 자 신 불 인 환 부 제 자 장 왈 선 재 선 재 난 인 난 인 비 인 불 인
不忍非人
불 인 비 인

【평설】제자는 스승에게 참지 않으면 생기는 일에 대해 물었고, 스승은

제자에게 해답을 제시했다. 참지 못하면 자신에게 있어서 작게는 근심이 생기고 크게는 목숨이 위태롭게 된다. 이러한 일들은 자신이 참지 못해서 생기는 문제이니 자신이 감내하면 그뿐이지만, 문제는 자신의 문제로만 끝나지 않는다는 것이다. 이로 인해 상대와의 관계는 단절되고, 주변 사람들까지 불행하게 만들 수 있다. 더 나가서는 나라의 존망까지 위협할 수도 있는 것이다. 누구나 참을 수 있는 일은 참았다고 할 만한 것이 아니다. 아무나 참을 수 없는 것을 참을 수 있어야 정말로 참았다 할 수 있다.

❧

『경행록』에 말하였다. "자신을 굽히는 사람은 중요한 자리에 오를 수 있고, 남 이기기를 좋아하는 사람은 반드시 적을 만난다."

景行錄云 屈己者 能處重 好勝者 必遇敵
경 행 록 운 굴 기 자 능 처 중 호 승 자 필 우 적

【평설】『공자가어』에는 "호승자好勝者 필우적必遇敵"이라 나온다. 남에게 져주면 이기고 남에게 이기려고 하면 진다. 이 묘한 역설에 인생살이의 진리가 담겨져 있다. 자기를 낮추는 사람은 남들이 높여서 중요한 자리를 맡기고, 남을 기어이 꺾어 보겠다는 사람은 적을 만나게 된다. 정리하자면 남들을 이겨 먹으려 말고 굽혀 주면, 적은 사라지고 지위는 높아진다는 사실을 말하고 있다.

8

악한 사람이 착한 사람을 꾸짖더라도 착한 사람은 아예 대꾸하지 마라. 대꾸하지 않는 사람은 마음이 맑고 여유로운데, 꾸짖는 사람은 입에서 열불이 난다. 마치 사람이 하늘에 대고 침을 뱉으면 도로 자기 몸에 떨어지는 이치와 같다.

惡人罵善人 善人摠不對 不對心淸閑 罵者口熱沸 正如人唾天
악 인 매 선 인 선 인 총 부 대 부 대 심 청 한 매 자 구 열 비 정 여 인 타 천

還從己身墜
환 종 기 신 추

【평설】 악한 사람이 선한 사람을 공격하는 것은 특별한 이유가 있어서 그런 것이 아니다. 그렇기 때문에 자신한테 왜 그런 행동을 하느냐고 시비를 따질 필요가 없다. 시비를 따지게 되면 곧바로 다른 시비거리를 제공하는 셈이 된다. 이때 가장 좋은 방법은 무대응으로 대처하는 것이다. 그러면 내 마음은 편하지만, 상대방은 더 화가 나거나 제풀에 지쳐서 그만두게 된다.

9

❧

내가 만약 남에게 욕설을 듣더라도 귀먹은 듯이 하여 이러쿵저러쿵 따지려 하지 마라. 비유하자면 불이 허공에서 타다가 끄지 않아도 저절로 꺼지는 것과 같다. 내 마음은 허공과 같거늘 모두 다 너 혼자 입술과 혀만 나불거리는 것이다.

我若被人罵 佯聾不分說 譬如火燒空 不救自然滅 我心等虛空
아 약 피 인 매 양 롱 불 분 설 비 여 화 소 공 불 구 자 연 멸 아 심 등 허 공

摠爾飜脣舌
총 이 번 순 설

【평설】 이 글도 앞선 글과 크게 다르지 않은 내용을 담고 있다. 남이 내 욕을 했다는 사실을 알면 분노가 치밀어 오르기 마련이다. 그러나 그 당사자를 찾아가서 옳으니 그르니 따져 보았자 아무런 소용이 없다. 거기에 반응해 봤자 내 마음만 괴롭고 힘들 뿐이다. 그러니 아예 모른 척하는 것이 상책일 수 있다. 그냥 제풀에 지쳐서 나에 대한 비방을 멈출 때까지 기다리는 것이 가장 좋은 방법이다.

10

모든 일에 인정人情을 남겨 두면 훗날 서로 좋게 보게 될 것이다.

凡事留人情 後來好相見
범 사 류 인 정 후 래 호 상 견

【평설】 사람 관계나 일을 맺고 끊는 데에도 적절한 규칙이 필요하다. 정나미가 떨어져 꼴도 보기 싫다고, 다시는 안 볼 것처럼 모질게 대할 필요는 없다. 일에 있어서도 마찬가지다. 아무리 사소한 일이라 해도 일을 그만둘 때 돌연 일방적으로 연락을 끊어서는 곤란하다. 후임자를 구할 때까지 기다렸다가 하던 일을 잘 전달해야 한다. 내가 할 도리는 하고 관계를 끝내는 것이 나한테 떳떳한 일이다. 어떤 사람과 다시 만나고 만나지 않고는 그다지 중요치 않다.

9부.
근학편 勤學篇

배움을
부지런히
하라

1

자하子夏가 말하였다. "배우기를 널리 하고 뜻을 독실하게 하며, 절실하게 묻고 가까운 데에서 생각하면 인仁이 그 안에 있다."

子夏曰 博學而篤志 切問而近思 仁在其中矣
자 하 왈 박 학 이 독 지 절 문 이 근 사 인 재 기 중 의

【평설】이 글은 『논어』 「자장」子張에 나온다. 자하가 주장한 학문하는 방법론은 박학博學, 독지篤志, 절문切問, 근사近思 등이다. 이것을 통해서 인仁을 얻을 수 있다고도 했다. 남을 위해 물심양면으로 도와주는 독지가篤志家라는 말과, 주자학의 입문서인 『근사록』近思錄이란 말도 여기에서 따온 것이다. 박학은 널리 배운다는 것이고, 독지는 뜻을 돈독히 하는 것이며, 절문은 간절히 묻는 것이고, 근사는 일상의 가까운 문제부터 생각하는 것이다.

『논어』에 네 가지 방법이 나왔다면, 『중용』에는 다섯 가지 방법이 나온다. 널리 배우는 박학博學, 자세히 묻는 심문審問, 신중하게 생각한다는 신사愼思, 분명하게 변별한다는 명변明辯, 독실하게 실천한다는 독행篤行 등이다. 모두 합치면 아홉 개의 방법이지만 일부는 중복되는 것도 있다. 여기 학문하는 과정에서 새겨들어야 하는 중요한 자세가 거의 다 들어 있다. 지금에도 여전히 유효한 말들이다.

2

❧

장자가 말하였다. "사람이 배우지 않으면 하늘에 오르려고 하는데 방법이 없는 것과 같다. 배워서 지혜가 원대해지면 상서(祥瑞)로운 구름을 헤치고 푸른 하늘을 보는 것과 같고, 산에 올라서 온 세상을 바라보는 것과 같다."

莊子曰 人之不學 如登天而無術 學而智遠 如披祥雲而覩靑天
장 자 왈 인 지 불 학 여 등 천 이 무 술 학 이 지 원 여 피 상 운 이 도 청 천
登高山而望四海
등 고 산 이 망 사 해

【평설】 이 글은 『장자』에는 나오지 않는데, 배움의 중요성을 강조했다. 배우지 않으면 무언가 성취하려고 해도 아무런 방법이 없다. 반면 배우게 되면 푸른 하늘과 온 세상도 볼 수 있다. 배움의 행위를 통해 시야는 더 넓어져서 남들이 볼 수 없는 것도 보는 것이 가능해진다. 이 글에 나오지는 않지만 배우지 않으면 보는 시야는 협소할 뿐만 아니라 제대로 볼 수도 없다는 것을 함께 말한 셈이다. 정리하자면 배운 자는 널리 보고 제대로 볼 수 있지만, 배우지 않은 자는 좁게 보고 제대로 볼 수도 없다.

3

༝

『예기』禮記에 말하였다. "옥은 다듬지 않으면 그릇을 만들지 못하고, 사람은 배우지 않으면 도를 알지 못한다."

禮記曰 玉不琢 不成器 人不學 不知道
예 기 왈 옥 불 탁 불 성 기 인 불 학 부 지 도

【평설】 이 글은 『예기』「학기」學記에 나온다. 자질이 뛰어나도 배우지 않으면 아무짝에도 쓸모없다. 사람의 자질은 성취의 가능성을 높여 주지만, 꼭 성취를 보장해 주지는 않는다. 무한한 가능성이 초라한 현재를 화려하게 포장해서 자신의 태만을 연장시킬 수 있다. 서태지와 아이들의 '환상속의 그대'를 떠올리면 된다. 뛰어난 자질에 배우는 열정이 결합될 때 폭발적인 화학 작용이 일어난다. 선천적인 자질과 후천적인 노력 중에 어떤 것이 중요할까? 둘 다 갖췄다면 더 바랄 것이 없겠지만 그런 사람은 생각보다 많지 않다. 선천적인 자질을 갖췄지만 초라한 성과를 낸 사람은 수도 없이 많다. 그야말로 미완의 대기로 끝난 셈이다. 그러나 후천적인 노력을 통해 선천적인 자질을 극복한 사례는 얼마든지 많다.

김득신金得臣(1604~1684)은 아둔하기로 유명한 인물이다. 그는 평생 읽은 책을 기록한 『독수기』讀數記를 남겼다. 여기에다 1만 4,000번 이상 읽은 책 36편의 목록을 정리해 놓았다. 1만 번 이상 읽지 않은 책은 기록을 남기지 않았다고 한다. 그러니 1만 번 아래로 읽었던 책은 읽은 축에도 들지 못했다는 말이다. 그의 서재 이름 '억만재'億萬齋는 끊임없는 노력의 다짐을 담고 있다. 김득신이 기억하지 못하던 구절을 정작 말 고삐 끌던 하인이 기억해 냈다는 일화에서는 그의 노둔함이 더욱 드러난다. 그러나 그는 만년에 시로 세상에 이름을 남겼다. 조선 시대 수많은 천재는 자취도 없이 사라졌지만, 그는 끝내 지워지지 않는 이름이 되었다.

4

태공이 말하였다. "사람이 태어나 배우지 않으면 깜깜하기가 밤길을 가는 것과 같다."

太公曰 人生不學 冥冥如夜行
태 공 왈 인 생 불 학 명 명 여 야 행

【평설】『순자』荀子「해폐」解蔽에는 "깜깜한데 길을 가는 사람은 누워 있는 돌을 만나면 엎드린 호랑이로 생각하고, 꽂아 놓은 나무를 만나면 서 있는 사람이라고 생각하는 법인데, 어둠이 그 밝음을 가리기 때문이다"라 나온다. 이 글에서는 만나는 물건마다 다른 물건으로 착각하게 된다 했으니, 이것은 배우지 않은 사람의 소견으로 세상사를 모두 왜곡하기 십상이라는 것을 말한 것이다.

밤에 간다는 것은 시야의 부재와 시각의 불명, 방향의 부재를 말한다. 곧 다른 비교할 것을 보지도 못하고, 대충 윤곽만 확인할 수밖에 없으며, 어디로 가며 무엇을 보았는지도 알 수 없는 지경이 된다. 그만큼 사물과 현상을 왜곡하기 쉽다. 이 글에 나와 있지는 않지만 더욱 문제인 경우는 자신의 견해에 신념과 확신까지 갖춘 경우이다. 이런 사람하고는 애초부터 말을 섞지 않아야 한다. 제가 무식해서 용감한지도 모르기 때문이다.

5

한유가 말하였다. "사람이 고금의 일을 통달하지 못하면 말이나 소에 사람 옷을 입혀 놓은 것과 같다."

韓文公曰 人不通古今 馬牛而襟裾
한 문 공 왈 인 불 통 고 금 마 우 이 금 거

【평설】 이 글은 한유의 「부독서성남」符讀書城南에 보이는데, 『고문진보』古文眞寶에 실려 있다. 옛날과 지금의 일에 모두 통달하지 않으면 동물과 다름없다는 뜻이다. 옛것만 알면 고루하고 지금의 것만 알면 위태롭다. 옛날과 지금의 일을 모두 꿰뚫어 적절한 삶의 해법을 찾아내야 한다.

6

주문공이 말하였다. "집이 만약 가난하더라도 가난 때문에 배움을 그만두어서는 안 되고, 집이 만약 부유하더라도 부유함을 믿고 학문을 게을리해서는 안 된다. 가난해도 만약 배움을 부지런히 한다면 출세할 수 있고, 부유해도 만약 배움을 부지런히 한다면 이름이 더욱 빛날 것이니라. 오직 배운 자가 훌륭해지는 것을 보았지, 배운 자가 성취하지 못하는 것은 보지 못했다. 배움이란 것은 곧 몸의 보배요, 배운 사람은 곧 세상의 보배이다. 이런 까닭으로 배우면 군자君子가 되고 배우지 않으면 소인小人이 될 것이니, 뒷날에 배우는 자는 마땅히 각기 힘써야 할 것이다."

朱文公曰 家若貧 不可因貧而廢學 家若富 不可恃富而怠學
주 문 공 왈 가 약 빈 불 가 인 빈 이 폐 학 가 약 부 불 가 시 부 이 태 학

貧若勤學 可以立身 富若勤學 名乃光榮 惟見學者顯達 不見學者無成
빈 약 근 학 가 이 립 신 부 약 근 학 명 내 광 영 유 견 학 자 현 달 불 견 학 자 무 성

學者 乃身之寶 學者 乃世之珍 是故 學則乃爲君子 不學則爲小人
학 자 내 신 지 보 학 자 내 세 지 진 시 고 학 즉 내 위 군 자 불 학 즉 위 소 인

後之學者 宜各勉之
후 지 학 자 의 각 면 지

【평설】 이 글은 주자의 말이다. 배움의 유무는 가난과 부유함에 달려 있지 않다. 가난한 사람은 자신의 불우 때문에 배움을 그만두어서는 안 되고, 부유한 사람은 자신의 재산 때문에 배움을 태만히 해서는 안 된다. 가난한 사람은 배움을 통해 각자 가난을 타개하기도 하고, 부유한 사람

도 배움을 통해 이름을 낼 수도 있는 법이다. 현실의 문제 때문에 배움을 포기하지만 않는다면 지금의 나와는 다른 내가 될 수 있다. 중년이 되면 그간 알았던 것으로 남은 삶을 살아가고자 한다. 그러나 자신이 새로운 배움의 의지를 저버리는 순간, 더 이상의 발전은 기대할 수 없다. 배움에 대한 열망은 중년의 아저씨를 생기발랄한 청년으로 만들어 줄 수 있지만 배움에 대한 포기는 중년의 아저씨를 노인으로 만들어 줄 수도 있다. 경제적인 문제와는 별도로 배움을 매개로 군자와 소인으로 나뉜다. 나는 어느 길로 갈 것인가?

7

휘종황제徽宗皇帝가 말하였다. "배운 사람은 낟알 같고 벼와 같지만, 배우지 않은 사람은 쑥 같고 풀 같도다. 아아, 낟알 같고 벼 같음이여! 나라의 소중한 양식이요, 온 세상의 보배로다. 쑥 같고 풀 같음이여! 밭을 가는 자가 미워하고 밭을 매는 자가 걱정하네. 훗날 담장에 마주선 듯 답답하여 후회한들 이미 늦었도다."

徽宗皇帝曰 學者 如禾如稻 不學者 如蒿如草 如禾如稻兮 國之精糧
휘 종 황 제 왈 학 자 여 화 여 도 불 학 자 여 호 여 초 여 화 여 도 혜 국 지 정 량
世之大寶 如蒿如草兮 耕者憎嫌 鋤者煩惱 他日面墻 悔之已老
세 지 대 보 여 호 여 초 혜 경 자 증 혐 서 자 번 뇌 타 일 면 장 회 지 이 로

【평설】 이 글의 일부는 『중광현문』에 나온다.* 휘종徽宗은 송宋나라 제8대 황제였다. 그는 배운 사람과 배우지 않은 사람을 나누어 설명했다. 배운 사람은 소중한 곡식과 같지만 배우지 않은 사람은 아무짝에도 쓸데없는 잡초와 같다. 배움은 제 한 몸의 발전을 위해서만 필요한 것이 아니고, 사회와 나라를 위해서도 요구되는 덕목이라 할 수 있다. 학식을 갖춘 인재는 국정國政 운영을 위해서 꼭 필요하기 때문이다. 여기서 '면장面墻'은 『논어』「양화」陽貨에 나온다. 사람이 글을 배우지 아니하면 마치 낮을 담

* 學者, 如禾如稻, 不學者, 如蒿如草

장에다 대고 선 것과 같이 답답하다는 의미로, 위의 글에서는 배울 때 안 배우면 다 늙어서 답답해 봐야 아무 소용이 없음을 말했다. 세월은 금세 흘러가고 나이는 훌쩍 먹는다. 공부에도 다 때가 있다. 그때 하지 않으면 노력은 배로 해도 성취는 절반도 되지 않는 법이다. "늙어서 후회하지 말고 배울 때 배워서 세상에 쓸모 있는 사람이 되자."

『논어』에 말하였다. "배움은 따라가지 못할 듯이 하고 잃어버릴까 두려운 듯이 해야 한다."

論語曰 學如不及 惟恐失之
논 어 왈 학 여 불 급 유 공 실 지

【평설】 이 글은 『논어』「태백」泰伯에 나온다. 해석에 여러 가지 설이 있지만 다 소개하지 않는다. 배움이란 달아나는 사람을 쫓아가지만 미치지 못하는 것처럼 해야 한다. 다 되었다고 생각하는 순간이 가장 위험한 법이다. 어느 만큼의 경지에 올라왔어도 아직 멀었다고 생각해야 한다. 이제 됐다고 생각하면서 만족하는 순간 본인의 한계가 획정되지만, 아직 멀었다 하면 본인의 역량을 더 끌어낼 수도 있다. 또 이미 배운 학문이나 학문의 목표는 잃어버릴까 봐 두려운 마음을 가져야 한다. 높은 경지에 도달하는 것도 의미 있지만, 그 자리를 유지하는 것은 더욱 중요한 일이라 할 수 있다.

여전히 부족하다는 아쉬운 생각과 잃어버릴지도 모른다는 두려운 생각이 지금의 성취를 무너지지 않게 하고 앞으로 나아가게 만들어 준다. 학문의 세계는 정주定住가 아니라 체류滯留일 뿐이다. 정주를 선택하는 순간 그 자리에 멈춰 있는 것이 아니라 뒤로 저만큼 물러나 있게 된다.

10부.

훈자편 訓子篇

자식을
가르치다

1

『경행록』에 말하였다. "손님이 오지 않으면 집안이 비속卑俗해지고 『시경』과 『서경』을 가르치지 않으면 자손이 어리석어진다."

景行錄云 賓客不來 門戶俗 詩書無教 子孫愚
경 행 록 운 빈 객 불 래 문 호 속 시 서 무 교 자 손 우

【평설】 아이들을 위한 교육은 책과 경험을 통해서 이루어진다. 책을 통한 교육의 중요성이야 다들 알고 있기에 새삼 부연해 설명할 필요가 없다. 그러나 그에 못지않게 경험을 통해 배우는 것도 중요하다. 점잖고 훌륭한 손님이 집에 찾아온다는 것만으로도 집안의 높은 위상을 반증한다. 부모가 그 손님을 대하는 태도와 나누는 말들을 통해 자식들은 사람을 대하는 방식을 자연스럽게 보고 익힌다. 요즘은 집에서 사람을 만날 일이 예전에 비하면 적어졌다. 집이 가족들만의 공간이라는 의미가 더 강해져서 생긴 일이다. 손님이 집으로 찾아와서 접대하는 것은 여간 번거로운 일이 아니지만, 그 일을 통해서 생생한 교육의 기회가 생긴다는 장점도 있다.

2

장자가 말하였다. "일이 비록 사소하다 하더라도 처리하지 않으면 이룰 수 없고, 자식이 비록 현명하다 할지라도 가르치지 않으면 사리에 어두워진다."

莊子曰 事雖小 不作 不成 子雖賢 不敎 不明
장 자 왈 사 수 소 부 작 불 성 자 수 현 불 교 불 명

【평설】 이 글은 『장자』에는 나오지 않는다. 작은 일이라도 처리하지 않으면 계속 미완의 상태로 남아 있다가 작은 일이 큰 일이 된다. 작은 일과 사소한 관계의 대응 방식에서 그 사람을 제대로 읽어 낼 수 있다. 또, 자식이 현명한 자질을 타고났다 하더라도 가르치지 않으면, 타고난 자질은 평범한데 잘 가르친 아이보다 성취가 못한 경우도 허다하다. 원래 뛰어난 자질은 성공의 가능성을 높여 주기는 하지만 성공의 결과까지 장담해 주지는 못한다. 작은 일을 잘 처리하고 자식을 잘 가르쳐야 한다. 일처리는 현재를 위해서, 자식 교육은 미래를 위해서 필요하다.

3

❧

『한서』漢書에 말하였다. "상자 가득 황금을 물려주는 것이 자식에게 경서經書 한 권을 가르치는 것만 못하고, 자식에게 천금을 물려주는 것이 기술 한 가지를 가르치는 것만 못하다."

漢書云 黃金滿籝 不如敎子一經 賜子千金 不如敎子一藝
한 서 운 황 금 만 영 불 여 교 자 일 경 사 자 천 금 불 여 교 자 일 예

【평설】 한漢나라 때 경학자 위현韋賢은 네 명의 아들을 잘 교육시켜 현달하게 만들었다. 특히 막내아들 위현성韋玄成은 승상丞相의 자리에까지 올랐다. 그래서 당시 추로鄒魯 지역에는 "자식에게 상자 가득 황금을 물려주는 것은 경서 한 권만 못하다"遺子黃金滿籝 不如一經라는 속담이 생길 정도였다고 한다. 『한서』「위현전」韋賢傳에 나오는 이야기다.

그 다음 이야기는 출처가 분명치 않지만 의미는 앞의 것과 크게 다를 바 없다. 자식에게 천금의 재산을 주기보다는 재주 하나를 가르치는 것이 낫다는 말이다. 자식에게 유형의 재물이 아니라 무형의 자산을 남겨 주어야 한다. 무형의 자산에는 유형의 재물이 따라온다.

4

더없는 즐거움으로는 독서만 한 것이 없고, 더없이 중요한 것으로는 자식을 가르치는 것만 한 것이 없다.

至樂 莫如讀書 至要 莫如敎子
지 락 막 여 독 서 지 요 막 여 교 자

【평설】 독서는 지금과는 다르게 살게 해주고 다른 곳으로 데려다준다. 또, 나의 안을 단단하게 해주고 나의 밖을 다르게 인식하게 한다. 그렇기에 독서는 인생에서 누릴 수 있는 어떤 즐거움과도 바꿀 수 없다.

자식 교육의 중요성에 대해서는 새삼 말할 필요도 없다. 부모라면 자식에게 더 나은 삶을 살게 해주고 싶은 마음을 누구나 가지고 있다. 부모의 가르침을 통해 자식은 더 좋은 미래를 설계하고, 더 좋은 사람이 된다.

"독서와 교육은 자신과 자식을 다르게 만들어 준다."

여형공呂榮公이 말하였다. "안으로는 어진 아버지와 형이 없고, 밖으로 엄한 스승과 친구가 없으면 성공하는 자가 드물다."

呂榮公曰 內無賢父兄 外無嚴師友 而能有成者 鮮矣
여 형 공 왈 내 무 현 부 형 외 무 엄 사 우 이 능 유 성 자 선 의

【평설】 북송北宋 명신名臣 여희철呂希哲(1036~1114)이 형양군공榮陽郡公에 봉해졌으므로 여형공이라 칭한 것이다. 여희철은 자는 원명原明인데, 정호程顥·정이程頤·장재張載·왕안석王安石과 교유하여 견문을 넓혔다. 학문을 함에 있어 한 가지 학문과 학설에 연연하지 않았다. 저서에는 『여씨잡기』呂氏雜記가 있다.

사람이 잘못된 방향으로 갈 때에 자성自省을 통해 바른 방향을 찾는다는 것은 거의 불가능에 가깝다. 그래서 남의 조언과 충고를 통해 스스로의 궤도를 수정하게 된다. 그 역할을 집 안에서는 아버지와 형이, 집 밖에서는 스승과 친구가 담당해 준다. 요즘은 이 두 축이 제 역할을 하지 못하는 경우도 많다.

사람은 이러한 주위 사람들의 도움을 통해 제 길을 찾아간다. 부형과 사우는 충고와 고언을 아끼지 말아야 하고, 본인은 마음으로 온전히 받아들여야 한다. 진정한 가르침은 이러한 안팎의 조화 속에 가능하다. 더 좋은 사람이 되고 싶다면 주위 사람들의 이야기를 잘 들어야 한다.

6

태공이 말하였다. "남자아이가 배우지 못하면 자라서 반드시 어리석게 되며, 여자아이가 배우지 못하면 자라서 반드시 엉성하게 된다."

太公曰 男子失教 長必頑愚 女子失教 長必麤疎
태 공 왈 남 자 실 교 장 필 완 우 여 자 실 교 장 필 추 소

【평설】 배워야 할 때 잘 배우지 못하면 당장에는 모르겠지만 나중에 자라서 문제가 생긴다. 남자아이는 매사에 어리석게 되고, 여자아이는 모든 일에 솜씨가 없게 된다. 남녀를 구분해서 교육시키는 것이 성역할을 고착할 우려가 있어 요즘 시대에는 적합하지 않은 내용이다. 남녀 모두 제때에 배우지 못하면 정작 써먹어야 할 때 낭패를 본다는 의미 정도로 받아들이면 되겠다.

남자가 자라서 어른이 되거든 음악이나 술에 빠지지 않게 하고,

여자가 자라서 어른이 되거든 놀러 다니게 하지 말라.

男年長大 莫習樂酒 女年長大 莫令遊走
남 년 장 대 막 습 악 주 여 년 장 대 막 령 유 주

【평설】 어른이 된다는 것은 무조건의 자유가 허락된다는 말이 아니다.

어른은 하지 말아야 할 행동을 스스로 하지 않아야 한다. 남자는 유흥에

빠지지 말아야 하고 여자는 아무 데나 돌아다니면서 놀면 안 된다고 했

다. 옛 글이기 때문에 남녀에 차별을 두었으니 요즘에 적절한 말은 아니

다. 어쨌든 남녀 모두 어른이 되었다면 외부의 여러 가지 유혹을 조심하

라는 당부쯤으로 새겨들으면 되겠다.

8

><

엄한 아버지에게서 효자 나오고, 엄한 어머니에게서 효녀 나온다.

嚴父出孝子 嚴母出孝女
엄 부 출 효 자 엄 모 출 효 녀

【평설】 엄하다는 것이 이제는 시효가 만료된 단어로 느껴지지만, 엄함을 통해서 배울 수 있는 것도 많이 있다. 그중에 하나를 들자면 엄함은 세상에 대한 조심성을 가르쳐 준다. 이제 아무도 엄한 역할을 맡으려 하지 않고 맡는다 해도 꼰대 취급 받기 일쑤다. 꼰대란 말은 올바른 지적도 주저하게 만드는 이상한 힘이 있다. 어른은 꼰대 취급 받기 싫어 그냥 넘어가고, 아이들은 그저 자기가 잘해서 어른이 아무 말도 없는 줄 안다. 엄한 부모에게서 더 훌륭한 자녀가 나오는 법이다. 부모가 엄하게 하지 않으면 세상 사람들에게 혼이 난다. 부모는 세상 사람들에게 지적당할 일을 먼저 알아채고 야단쳐야 한다. 그렇게 바르게 자란 아이는 자연스럽게 부모에게 효도하는 법이다.

사랑하는 아이에게는 매를 많이 때리고, 미워하는 아이에게는 먹을 것을 많이 주어라.

憐兒 多與棒 憎兒 多與食
연 아 다 여 봉 증 아 다 여 식

【평설】 사랑하는 아이에게는 미래를 위해 현재를 희생시키고, 미워하는 아이에게는 현재를 위해 미래를 희생시킨다. 자신의 아이를 사랑하지 않는 부모는 없다. 그러나 이러한 부모의 마음과는 달리 부모가 아이를 대하는 방식에 따라 아이를 진정으로 사랑했는지 미워했는지가 증명되는 셈이다. 아이를 사랑한다고 막무가내의 요구를 들어주다가는 틀림없이 아이를 망치게 된다. 부모가 아이의 요구를 무엇이든 들어줄 수 있는데도, 들어주지 않는 것은 쉽지 않은 일이다. 그러나 아이의 요구를 거절하는 것도 아이를 사랑하는 또 다른 방식이라는 것을 꼭 기억할 필요가 있다.

남들은 모두 보석을 사랑하지만, 나는 자손이 현명한 것을 사랑
한다.

人皆愛珠玉 我愛子孫賢
인 개 애 주 옥 아 애 자 손 현

【평설】 여기 경제적 가치와 정서적 가치가 있다면 삶의 방점을 어디에
찍을 것인가? 삶에 있어서 경제적인 문제도 분명 소홀히 할 수는 없다.
그러나 경제적인 문제가 중요하다고 해서 그것이 목적이 되어서는 곤란
하다. 자신은 돈을 많이 벌었지만 아이 교육에 실패했다면 결국 모든 일
에서 실패한 것과 다름없다. 그만큼 아이를 현명하게 키운다는 것은 어
렵고 소중한 일이다.

11부.

성심편 省心篇 상

마음을
살피는 글

1

❧

『경행록』에 말하였다. "보물은 쓰면 다함이 있지만 충과 효는 누려도 다함이 없다."

景行錄云 寶貨 用之有盡 忠孝 享之無窮
경 행 록 운 보 화 용 지 유 진 충 효 향 지 무 궁

【평설】 물질과 정신은 유한有限과 무한無限으로 각각 갈린다. 물질적 가치는 쓰면 쓸수록 한계를 드러내지만, 정신적 가치는 쓰면 쓸수록 무궁함을 깨닫게 된다. 어떤 가치를 추구하며 삶을 살 것인가? 물질적 가치는 현재만을 사는 것이고 정신적 가치는 미래를 위해 사는 것이다.

2

집안이 화목하면 가난하여도 달갑지만 정의情誼가 좋지 않다면 부유하다 하여도 무엇 하겠는가. 다만 한 명의 자식이라도 효도하는 사람이 있으면 되니 자손이 많다고 하여도 어디에다 쓰겠는가?

家和貧也好 不義(誼)富如何 但存一子孝 何用子孫多
가 화 빈 야 호 불 의 (의) 부 여 하 단 존 일 자 효 하 용 자 손 다

【평설】 "행복한 가정은 모두 엇비슷하고, 불행한 가정은 불행한 이유가 제각기 다르다." 톨스토이의 『안나 카레니나』에 나오는 말이다. 행복한 가정은 대개 비슷한 모습을 띠고 있지만 불행한 가정은 천차만별의 다양한 이유로 불행하다는 것이다. 행복한 가정의 모습을 모두 다 꿈꾸지만 모두에게 허락되지는 않는다.

가정의 행복을 얻지 못하면 어떤 성취나 성공도 가치를 잊기 마련이다. 빈부의 여부에 따라 행불행行不幸이 결정된 것이 아니라, 화목함의 여부가 행불행을 결정한다. 물론 가난은 그리 간단한 문제가 아니다. 어지간하게 가난하면 가족을 결속시키지만, 찢어지게 가난하면 가족을 해체시킨다. 자식이 많은 것이 중요한 것이 아니라 제대로 부모를 봉양할 줄 아는 자식이 한 명이라도 있으면 충분하다. 자식이 많아서 근심과 걱정만 늘어 간다면 무슨 소용이 있겠는가?

3

아버지가 근심하지 않는 것은 자식이 효도하기 때문이고, 남편이 괴로움이 없는 것은 아내가 현명하기 때문이다. 말이 많아져서 말실수하는 것은 모두 술 때문이고, 의리가 끊어지고 친했던 사람이 소원해지는 것은 단지 돈 때문이다.

父不憂心因子孝 夫無煩惱是妻賢 言多語失皆因酒 義斷親疎只爲錢
부 불 우 심 인 자 효 부 무 번 뇌 시 처 현 언 다 어 실 개 인 주 의 단 친 소 지 위 전

【평설】 사람은 무슨 이유로 근심하고 무엇 때문에 관계가 끊어지는가. 가정에 효도하는 자식과 현명한 아내가 있으면 근심할 거리가 사라져 버린다. 이 중 하나라도 문제가 생기면 가정에서의 행복은 멀리 달아난다. 술로 인한 말실수와 궁핍으로 인한 경제 문제 때문에 남들과의 관계는 틀어진다. 실수하지 않을 만큼 술을 자제하고 남이 관계를 끊을 정도로 궁핍하지 않아야 한다.

4

이미 대단한 즐거움을 가졌거든 모름지기 예측할 수 없는 근심을
방비해야 한다.

旣取非常樂 須防不測憂
기 취 비 상 락 수 방 불 측 우

【평설】 삶이란 즐거움과 근심이 교차되는 파도에 몸을 싣는 일이다. 즐
거움이 있다면 머지않아 근심거리가 있을 것이니 너무 즐거워할 필요도
없다. 반면 근심이 올 때도 이와 마찬가지로 생각하면 된다. 대단한 즐거
움 속에서도 다가올 근심을 미리 읽어 낼 수 있다면 근심을 막아 낼 수 있
다.

미국 대통령 바이든의 책상에는 두 컷짜리 만화를 담은 액자가 있었다고
한다. 신문에 "아내·딸 잃고 신神 원망한 바이든, 그런 그를 일으킨 '두 컷
만화'"란 제목으로 실렸다. 만화는 미국 유명 작가 딕 브라운(1917~1989)
의 「공포의 해이가르」다. 주인공인 해이가르는 거칠지만 가정적인 바이
킹이다. 그는 자신이 탄 배가 폭풍우 속에서 벼락에 맞아 좌초되자 신을
원망하며 하늘을 향해 외친다. "왜 하필 나입니까?(Why me?)" 그러자 신
은 그에게 이렇게 되묻는다. "왜 넌 안 되지?(Why not?)"

우리는 기쁜 일은 온전히 내 몫이라 생각하지만 슬픈 일은 남의 몫으로
만 여긴다. 그러나 슬픈 일도 내 삶의 일부이며 그 일이 나만 예외일 리

가 없다. 어떤 슬픈 일은 대비한다고 대비할 수 없는 경우도 있다. 대비하는 것은 인간의 몫이지만 그래도 벌어지게 하는 것은 신의 몫이다.

5

총애를 얻었거든 욕됨을 생각하고, 편안하게 살거든 위태로움을 걱정해야 한다.

得寵思辱 居安慮危
득 총 사 욕 거 안 려 위

【평설】 누구나 윗사람에게 남다른 사랑을 받고 편안히 살고 싶다. 그러나 남다른 사랑의 또 다른 이름은 남다른 미움이다. 누군가에게서 사랑이 떠나갈 때 그만큼의 낙폭만큼 미움이 남게 된다. 총애는 그래서 위험하고 무서운 일이라 할 수 있다.

미자하彌子瑕는 위나라 군주 영공靈公에게 남다른 총애를 받았다. 어머니가 아프다는 소식을 듣고 군주의 수레를 타고 문병을 다녀왔다. 월형刖刑에 처할 정도의 중죄였지만 효성이 지극하다면서 용서했다. 또 군주의 과수원에서 복숭아를 먹다가 남은 것을 영공에게 바쳤다. 영공은 자신을 사랑하는 마음만 칭찬했다. 그러나 영공의 사랑이 식어 가자 앞의 두 가지 일을 들어 죄를 묻고 내쫓아 버렸다.

총애와 편안함 속에 욕됨과 위태로움이 숨어 있다. 이 말에는 욕됨과 위태로움을 무서워하지 말라는 조언도 함께 담겨져 있는 셈이다. 지금은 욕되고 위태로운 일이라도 언젠가는 총애와 편안함을 가져다줄지도 모른다.

6

영화가 가벼우면 욕됨이 얕고, 이익이 크면 손해도 깊다.

榮輕辱淺 利重害深
영 경 욕 천 이 중 해 심

【평설】"high risk high return" 위험성이 클수록 수익도 크다는 말이다. 거저 반대급부가 오는 법은 없다. 영화榮華와 이익이 커질수록 그만큼 치욕과 손해를 겪을 확률도 따라서 높아진다. 그러니 영화와 이익이 그다지 달가워할 일만은 아닌 것이다. 지금 영화와 이익이 내 곁에 있다면 우쭐댈 일이겠는가? 아니면 두려워할 일이겠는가?

심하게 사랑하다 보면 반드시 심한 소모가 있게 되고, 심하게 명예를 누리다 보면 반드시 심한 헐뜯음을 받게 된다. 심하게 기뻐하면 반드시 심하게 근심을 하게 되고, 심하게 재물을 축적하다 보면 반드시 심하게 잃게 된다.

甚愛必甚費 甚譽必甚毁 甚喜必甚憂 甚藏必甚亡
심 애 필 심 비 심 예 필 심 훼 심 희 필 심 우 심 장 필 심 망

【평설】 정도를 넘어서는 감정이나 행동은 반드시 심한 부작용을 동반한다. 사랑이 깊다 보면 집착에 가깝게 되고, 높은 명예를 누리다 보면 남들의 입방아에 오르내리게 된다. 더할 나위 없이 기뻐하면 심한 근심이 찾아오며, 필요 이상의 재물에 대해 욕심을 내다 보면 크게 손해를 보는 일이 생긴다. 세상 모든 일이 모자라서 생기는 문제보다 넘쳐서 생기는 문제가 훨씬 심각하다. 조금 부족한 듯 조금 모자란 듯 사는 것이 가장 오래가고 가장 많이 얻는 법이다.

공자가 말하였다. "높은 낭떠러지에서 보지 않으면 어떻게 굴러 떨어지는 근심을 알겠으며, 깊은 샘에 임하지 않으면 어떻게 물에 빠지는 근심을 알겠으며, 큰 바다에서 보지 않으면 어떻게 풍파의 근심을 알겠는가?"

子曰 不觀高崖 何以知顚墜之患 不臨深泉 何以知沒溺之患 不觀巨海
자 왈 불 관 고 애 하 이 지 전 추 지 환 불 림 심 천 하 이 지 몰 닉 지 환 불 관 거 해
何以知風波之患
하 이 지 풍 파 지 환

【평설】 이 글은『공자가어』「곤서」困誓에 나온다. 높은 낭떠러지, 깊은 샘, 큰 바다는 곤액과 환란의 비유다. 남다른 시련의 경험은 남다른 시야를 가져다준다. 인생에서 밝은 양지만을 경험하고 이해한 것은 어쩌면 삶의 절반만 이해한 셈이다. 그늘진 음지에 대한 이해를 통해 삶을 온전히 알 수 있다. 그래서 남의 아래에 있어 보지 않은 사람은 남의 위에 서면 안 된다. 평탄한 인생에서 큰일을 성취한 사람은 많지 않다. 강철은 맞을수록 단련되는 것처럼 인생도 시련을 통해 여문다.

9

미래를 알고 싶거든, 먼저 과거를 살펴보라.

欲知未來 先察已然
욕 지 미 래 선 찰 이 연

【평설】 아직 오지 않은 미래가 궁금한가? 과거에 벌어졌던 일을 되짚어 보면, 미래에 어떤 일이 벌어질 것인지 예측 가능하다. 그렇지만 정작 중요한 것은 현재이다. 과거는 벌어졌던 현재이고 미래는 아직 오지 않은 현재이다. 지금 사는 현재가 과거도 되고 미래도 된다.

10

공자가 말하였다. "깨끗한 거울은 모습을 살펴보는 것이요, 지나간 일들은 지금을 알게 해주는 것이다."

子曰 明鏡 所以察形 往古 所以知今
자 왈 명 경 소 이 찰 형 왕 고 소 이 지 금

【평설】 티끌 하나 묻지 않은 깨끗한 거울을 통해 내 모습을 점검할 수 있는 것처럼, 이미 벌어졌던 과거의 일을 통해 현재의 일들을 예측할 수 있다. 중년이 되면 자신을 타자화시켜서 객관적으로 인식하며, 지나간 일들을 통해서 같은 실수를 더 이상 반복하지 않을 시기이다. 나는 누구이며 그동안 어떻게 살아왔던가?

11

과거의 일은 거울처럼 밝으나 미래의 일은 칠흑처럼 어둡다.

過去事 明如鏡 未來事 暗似漆
과 거 사 명 여 경 미 래 사 암 사 칠

【평설】 점을 치러 가면 점쟁이는 과거의 일은 제법 맞춘다고 한다. 과거는 그 사람이 살아온 궤적이기에 점을 치러 온 사람의 모습이나 분위기를 통해 대개 짐작이 가능하다. 하지만 미래는 너무 많은 변수 탓에 용한 점쟁이라도 맞추기가 쉽지 않다. 사실 미래의 일은 알기도 어렵고 미리 알 필요도 없다.

영화 〈타임머신〉(2002)을 보면 다음과 같은 인상적인 대사가 나온다. "우리에겐 모두 타임머신이 있지. 우리를 과거로 인도해 주는 것은 기억이고 우리를 미래로 인도해 주는 것은 꿈이지." 기억은 존재했던 것이지만 꿈은 소멸할 수도 있다.

12

*『경행록』*에 말하였다. "내일 아침의 일을 해질녘에 꼭 그렇게 된다고 단정할 수 없고, 해질녘의 일을 오후 4시경에 꼭 그렇게 된다고 단정할 수는 없다."

景行錄云 明朝之事 薄暮 不可必 薄暮之事 晡時 不可必
경 행 록 운 명 조 지 사 박 모 불 가 필 박 모 지 사 포 시 불 가 필

【평설】 세상에 거의 된다고 하는 어떤 일도 꼭 된다고 단정 지을 수는 없다. 일이 어디에서 틀어질지는 알 수 없기 때문이다. "백 리를 가려는 사람은 90리를 절반으로 삼아야 한다."行百里者, 半九十里 이 말은 90%쯤 일이 진척되었어도 50%쯤 일이 진척되었다고 생각하라는 뜻이다. 일은 다 되었다고 하며 안도하는 그 순간에 잘못된다. 그러니 끝까지 마음을 놓지 말고 일이 완료되는 시점까지 최선을 다해야 한다.

하늘에는 예측할 수 없는 비바람이 있고, 사람은 아침저녁으로
바뀌는 화복이 있다.

天有不測風雨 人有朝夕禍福
천 유 불 측 풍 우 인 유 조 석 화 복

【평설】 일기日氣의 변화가 예측하기 어렵게 순식간에 변하듯이, 사람의
길흉화복도 금세 바뀌게 된다. 화복은 고정적인 것이 아니고 수시로 변
화한다. 화라 해서 슬퍼할 것도 복이라 해서 기뻐할 것도 없는 이유가 바
로 여기에 있다.

석 자 되는 무덤으로 돌아가지 않고서는 백 년 동안 몸을 보전하기 어렵고, 이미 석 자 되는 무덤으로 돌아가서도 백 년 동안 무덤을 지키기 어렵다.

未歸三尺土 難保百年身 已歸三尺土 難保百年墳
미 귀 삼 척 토 난 보 백 년 신 이 귀 삼 척 토 난 보 백 년 분

【평설】 살아서나 죽어서나 한 치 앞의 일도 알기 어렵다. 망신이나 실수 없이 한평생을 마치고 무덤에 묻히는 것도 쉽지 않다. 또, 무덤에 묻힌다 해도 이장移葬이나 부관참시剖棺斬屍로 예기치 않게 시신이 무덤 밖으로 꺼내질 수도 있다. 살아서는 제 운명대로 수명을 누리고, 죽어서는 아무런 해도 없이 영면永眠의 시간을 갖는 것도 어렵다는 것이다.

김창흡金昌翕(1653~1722)의 「갈역잡영」葛驛雜詠에는 "관 뚜껑 덮고서도 모를 일 또 있나니, 자손들 많고 보면 묘 파헤쳐 옮겨 가네. 살아선 좋은 집에 오랫동안 편하다가, 죽어선 떠돌나니 어이 아니 슬프리오"라 나온다. 명당을 찾아 나선 후손들의 이기심 때문에 선조는 죽어서도 편히 쉴 틈이 없다.

15

『경행록』에 말하였다. "사람이 나무를 길러 주면 뿌리가 단단해지고 가지와 잎이 무성하여져 기둥과 대들보의 재목을 이루게 되고, 사람이 물을 잘 길러 주면 샘의 근원이 세차고 물줄기가 길어서 논밭에 물을 대는 이로움이 넓고, 사람을 잘 기르면 지기志氣가 커지고 식견이 밝아져 충의忠義로운 선비가 나오게 되니, 기르지 않을 수 있겠는가?"

景行錄云 木有所養 則根本固而枝葉茂
경 행 록 운 목 유 소 양 즉 근 본 고 이 지 엽 무

棟樑之材成 水有所養 則泉源壯而流派長 灌漑之利博 人有所養
동 량 지 재 성 수 유 소 양 즉 천 원 장 이 류 파 장 관 개 지 리 박 인 유 소 양

則志氣大而識見明 忠義之士出 可不養哉
즉 지 기 대 이 식 견 명 충 의 지 사 출 가 불 양 재

【평설】 이 글은 송宋 임포林逋의 『성심록』省心錄에 나온다. 나무나 물을 잘 관리해 주면 좋은 재목과 샘물이 된다. 사람을 기르는 일도 이와 다르지 않으니, 충의로운 선비가 될 수 있다. 무엇보다 중요한 일은 사람을 길러 내는 것이다.

스스로 믿는 자는 남들도 그를 믿어서 오吳나라와 월越나라와 같은 원수 나라라도 형제처럼 될 수 있고, 반면 스스로를 의심하는 자는 남들도 그를 의심하여 자기 이외에는 모두 적국敵國이 되고 만다.

自信者 人亦信之 吳越 皆兄弟 自疑者 人亦疑之 身外 皆敵國
자 신 자 인 역 신 지 오 월 개 형 제 자 의 자 인 역 의 지 신 외 개 적 국

【평설】 자기 스스로를 믿는 사람은 남을 의심하지 않아서, 다른 사람도 그를 믿는다. 그러니 오吳와 월越 같은 원수 나라도 모두 형제가 될 수 있다. 반면 자기 스스로를 의심하는 사람은 남을 믿지 않아서, 다른 사람도 그를 의심한다. 그러니 제 몸 이외에는 모두 적이 될 수밖에 없다.

이와 관련된 좋은 글이 있어 소개한다. 『채근담』菜根譚에 "남을 믿는 것은 남이 반드시 성실해서가 아니라 자기가 성실하기 때문이다. 남을 의심하는 것은 남이 반드시 속여서가 아니라 자기가 먼저 속이기 때문이다"라 나온다. 믿는다는 것은 믿을 수 없는 사람도 믿어서 끝내 믿을 수 있는 사람을 만들기도 한다. 반면 의심하는 것은 믿을 수 있는 사람도 믿지 못하게 만들어 끝내 등을 돌리게 만든다. 사람을 믿을 것인가 아니면 의심할 것인가?

17

사람이 의심스럽거든 쓰지 말고, 사람을 썼거든 의심하지 마라.

疑人莫用 用人勿疑
의 인 막 용 용 인 물 의

【평설】삼성 이병철 회장이 즐겨 썼던 구절로 알려져 있다. 의심은 현재
의 관계뿐 아니라, 과거에 좋았던 관계와 미래에 좋을지도 모르는 관계
전부를 차단하게 만든다. 또 의심은 믿을 것도 믿지 못하게 만들고 믿음
은 믿지 못할 것도 믿게 만든다. 믿음을 통해 지금 믿지 못할 일이나 사
람의 변화를 유도해 낼 수 있다. 이것이 믿음의 가장 훌륭한 점이다. 남
을 쓸 때 내가 그 사람을 신뢰한다는 것만큼 확실한 우호적인 태도도 없
다. 나를 의심하는 보스에게 누구도 진심을 다하지 않는다.

인정옥 작가의 드라마 〈네 멋대로 해라〉에서는 믿음에 대한 인상적인
대사가 나온다. "너 같은 년들은 잡생각이 많아서 믿음이란 거 모르지?
믿음이라는 건 말야, 그 사람이 날 속이는 줄 알면서도 믿어 주는 게 믿음
이야."

풍자시에 말하였다. "물 아래 고기와 하늘가의 기러기는 높이 날아도 쏘아 잡고, 낮게 물 속에 있어도 낚을 수 있지만, 오직 사람의 마음은 가까이 있지만 가까이 있는 마음은 헤아릴 수 없다."

諷諫云 水底魚天邊雁 高可射兮低可釣 惟有人心咫尺間
풍 간 운 수 저 어 천 변 안 고 가 사 혜 저 가 조 유 유 인 심 지 척 간

咫尺人心不可料
지 척 인 심 불 가 료

【평설】 이 시는 『오등회원』五燈會元과 『설악전전』說嶽全傳에도 나온다. 높이 나는 새나, 물속 깊이 숨어 있는 물고기도 어렵지 않게 잡을 수 있다. 그러나 사람의 속마음은 참으로 알기가 어렵다. 속마음을 알 수 없으니 배신, 오해, 불신 등이 싹틀 수밖에 없다. 사람의 속마음을 알 수 없다면 그대로 믿어 주는 것이 안 믿는 것보다 나을 때가 많다. 믿다가 상처받는 것이 안 믿어서 상처받지 않는 것보다 더 낫다. 영화 〈넘버 3〉에 태주(한석규 분)가 "내가 널 51% 믿는다는 건 100% 믿는다는 거야. 49% 믿는다는 건 하나도 안 믿는다는 뜻이고"라는 인상적 대사를 한다. 인간이란 어쩌면 다 믿을 것도 다 믿지 않을 것도 없다는 뜻도 숨겨진 말이다.

19

호랑이를 그리되 껍데기는 그릴 수 있어도 뼈는 그리기 어렵고,

사람을 알되 얼굴은 알 수 있어도 마음은 알지 못한다.

畵虎畵皮難畵骨 知人知面不知心
화 호 화 피 난 화 골 지 인 지 면 부 지 심

【평설】 이 글은『증광현문』에 나온다. 겉은 알기 쉽지만 속은 알기 어렵

다. 겉은 보이지만 속은 보이지 않기 때문이다. 그래서 열 길 물속은 알

아도 한 길 사람 마음속은 알기 어렵다. 사람의 마음은 순간 순간 변한

다. 마음이 변하니 관계도 변한다. 어제 만났던 그 사람이 오늘 만나는

그 사람은 아니다. 내 마음이 옛날과 같다 하더라도 상대방의 마음이 꼭

그러리라는 법이 없다. 남의 마음을 다 믿을 수는 없지만, 나의 마음은

상대에게 믿음을 주어야 한다.

얼굴을 마주 대해 함께 이야기를 나누고는 있지만, 마음은 천 개의 산에 막혀 있네.

對面共話 心隔千山
대 면 공 화 심 격 천 산

【평설】사람 사이는 물리적 거리보다 심리적 거리가 더 중요한 법이다. 떨어져 있지만 늘 곁에 있는 것 같은 사람도 있고, 가까이 있지만 늘 엄청난 거리감이 느껴지는 사람도 있다. 이러한 마음을 담은 글들은 많다. 시조에 "마음이 지척이면 천리라도 지척이오 마음이 천리오면 지척도 천리로다 우리는 각재천리各在千里오나 지척인가 하노라"라 나오고, 초의艸衣가 해거도인海居道人 홍현주洪顯周(1793~1865)에게 보낸 편지에 "서로 반목하면 한 방에 함께 있어도 싫어하고, 도가 맞으면 천리 밖에 떨어져 있어도 더욱 친하게 된다"라 나온다.

21

바다는 다 마르게 되면 마침내 바닥을 확인해 볼 수 있지만, 사람은 죽어도 그 마음을 알 수 없다.

海枯終見底 人死不知心
해 고 종 견 저 인 사 부 지 심

【평설】 위의 글은 시의 한 구절이다. 두순학杜荀鶴의 「감우」感寓에 "큰 바다의 파도는 얕지만, 소인의 마음은 깊도다. 바다는 마르면 끝내 바닥을 드러내지만, 사람은 죽어도 그 마음 알 수가 없구나"라 나온다.

군자의 마음은 알기 쉬우나 소인의 마음은 알기 어렵다. 군자는 겉과 속이 같지만, 소인은 겉과 속이 다르기 때문이다. 그래서 그런지 "저 사람 속을 알 수 없다"고 느끼는 사람 중에 그다지 좋은 사람을 찾아보기 힘들다.

태공이 말하였다. "무릇 사람은 앞일은 미리 점칠 수 없고, 바닷물은 말[斗]로 퍼서 잴 수 없다."

太公曰 凡人 不可逆相 海水 不可斗量
태 공 왈 법 인 불 가 역 상 해 수 불 가 두 량

【평설】 이 글은 『증광현문』에 거의 비슷한 내용이 나온다. 바닷물이 얼마나 되는지 측량하는 것은 불가능에 가깝다. 사람의 앞날도 이와 다르지 않으니 변수가 너무도 많기 때문이다. 미래에 대해서 함부로 예단하는 것의 어려움과 위험성을 함께 말한 것으로 보인다.

『경행록』에 말하였다. "남과 원한을 맺는 것을 일러 재앙의 씨를 뿌리는 것이라 하고, 선한 것을 버리고 하지 않는 것을 일러 스스로를 해치는 것이라 한다."

景行錄云 結怨於人 謂之種禍 捨善不爲 謂之自賊
경 행 록 운 결 원 어 인 위 지 종 화 사 선 불 위 위 지 자 적

【평설】 남에게 원한을 맺는 일은 언제인가는 재앙을 불러들이게 된다. 한 명의 친구를 만드는 것보다 한 명의 적을 만들지 않아야 한다. 의도적인 것은 말할 것도 없고 무심코 했던 말과 행동이 남의 마음에 상처를 내서 앙심을 품지 않도록 해야 한다. 선한 일을 외면하고 하지 않는 것은 사회의 한 구성원으로서 책무를 저버리는 것이다. 그러한 외면의 대가가 언젠가는 부메랑이 되어 자신에게 돌아온다. 내가 옳다고 해서 모질게 원한 살 일은 하지 말고, 작은 선이라도 실천하고 외면하지 말아야 한다.

만약 한쪽의 말만 들으면 곧바로 서로 멀어지게 될 것이다.

若聽一面說 便見相離別
약 청 일 면 설 변 견 상 리 별

【평설】 예로부터 "시어머니 말을 들으면 며느리가 몹쓸 인간이고 며느리 말을 들으면 시어머니가 악귀다"라는 말이 있다. 사람은 제 이로운 것만 말하고 불리한 것은 쏙 빼놓고 말한다. 그러니 한쪽 편의 말만 듣고 섣불리 판단하게 되면 다른 한 편과는 척을 질 수밖에 없다. 가장 좋은 방법은 양쪽의 말을 공정하게 듣고, 그와 관련되지 않은 제3자의 말까지 듣고서 판단을 내리는 것이다.

25

배부르고 따뜻하면 음욕을 생각하고, 굶주리고 추우면 도심道心을 발동한다.

飽煖 思淫慾 飢寒 發道心
포 난사 음 욕 기 한 발 도 심

【평설】 이 글은 『증광현문』에 보인다. 명明나라 때 심채沈采의 『천금기』千金記에는 "배부르고 따뜻하면 음란한 것을 생각하고 굶주리고 추우면 도심이 일어난다"라 나온다. 등 따습고 배부르면 딴생각이 떠오르기 마련이다. 생활의 편안함은 안주와 안일에 빠지게 한다. 현실이 만족스러우면 상황을 개선하기 위한 시도를 하지 않기 때문이다. 이렇게 되면 자기역량만큼도 그 이상도 발휘하기 힘들다. 반면 큰일을 이룬 사람들은 시간과 돈, 건강 중에 하나 이상은 결핍이 있었다. 그러한 결핍을 보완하기 위해 자신의 역량을 극대화할 수 있다. 도심이란 한마디로 깨어 있는 정신이다. 깨어 있는 정신으로 삶을 마주보아야 삶이 달라질 수 있고 다르게 만들 수 있다.

❦

소광疏廣이 말하였다. "현명한 사람이 재물이 많으면 그 뜻을 해치게 되고, 어리석은 사람이 재물이 많으면 허물을 불어나게 한다."

疏廣曰 賢而多財則損其志 愚而多財則益其過
소 광 왈 현 이 다 재 즉 손 기 지 우 이 다 재 즉 익 기 과

【평설】 소광疏廣은 한漢나라 사람으로 태자의 태부太傅로 있다가 사퇴를 하였다. 선제와 태자가 많은 재물을 내렸으나 친구와 친척들에게 모두 베풀었다. 집안 어르신이 소광에게 그렇게 허투루 재물을 쓰지 말고 집과 논밭을 사 두라고 권했으나 소광은 재물을 불려서 자손에게 물려주면 자손들에게 게으름만 가르치는 것이라 하면서 단호히 그럴 뜻이 없음을 밝혔다.

위의 이야기는 재물이 어리석은 이는 말할 것도 없이 현명한 이에게도 좋지 않게 작용한다는 것을 말하고 있다. 부모가 자식을 위해 호의로 남겨 주는 재산이 자식들 사이에는 분란을 가져다주고, 자립의 의지를 앗아간다. 결국은 자식을 위한 일이 자식에게 독이 되고 마는 꼴이 된다. 무엇을 남겨 줄 것인가? 진정으로 남겨 주어야 할 것은 삶을 윤택하게 만들어 주는 재산이 아니라 삶을 온전히 대할 정신이 아니겠는가?

사람이 가난하면 지혜가 짧아지고, 복이 이르면 마음이 신통해진다.

人貧智短 福至心靈
인 빈 지 단 복 지 심 령

【평설】 가난은 본인뿐 아니라 가족도 함께 괴롭힌다. 그래서 가난은 가족의 결집과 해체 양방향을 다 가능케 한다. 어느 정도의 가난이야 가족 간의 결집을 이루기도 하지만, 도저히 벗어날 수 없는 적빈赤貧은 가족을 해체시키기도 한다. 출처를 확인할 수는 없지만 "가난이 대문으로 들어오면 행복이 창문으로 넘어간다"라는 말이 있다. 찢어지게 가난하면 자신과 남도 제대로 돌볼 수 없는 상태가 되어, 그저 눈앞의 호구지책糊口之策에만 급급하게 될 뿐이다. 그러나 재복財福이 이르러서 생활에 여유가 생기면 나를 제대로 돌아볼 수 있을 시간이 생길 뿐 아니라, 남들도 챙길 수 있게 된다.

28

한 가지 일을 경험하지 않으면, 한 가지 지혜가 늘어나지 않는다.

不經一事 不長一智
불 경 일 사 부 장 일 지

【평설】 올더스 헉슬리의 명언에 다음과 같은 말이 있다. "경험이란 것은 당신에게 일어나는 것이 아니라 당신에게 일어난 것을 어떻게 대처하느냐 하는 것이다." 이처럼 경험의 중요성에 대해서는 수많은 사람들이 언급한 바 있다. 머릿속에서 생각하는 것과 막상 몸으로 부딪쳐 보면 너무도 큰 차이가 있음을 확인하게 된다. 그래서 경험하지 않은 일에 대해서 함부로 말해서는 곤란하다. 경험하지 않고 얻은 지식은 반쪽 지식에 불과한 셈이다. 특히 실패의 경험은 당장은 쓰라릴지 몰라도 인생에서 가장 큰 자산이 된다.

옳고 그름을 놓고 하루 종일 따지더라도, 듣지 않으면 저절로 없어진다.

是非終日有 不聽自然無
시 비 종 일 유 불 청 자 연 무

【평설】 이 글은『증광현문』에 나오는데, 글자에 몇 자 출입이 있다. 앞서 이런 내용의 글은 '계성편' 4장, 8장 등 여러 번 나왔다. 옳으니 그르니 따질 때 가장 좋은 대응은 무대응이다. 그렇게 해서 원천적으로 다른 시빗거리를 제공하지 않아 논란이 저절로 가라앉길 기다려야 한다.

나에게 와서 시비를 말하는 사람은 곧 시빗거리를 일으키는 사람
이다.

來說是非者 便是是非人
내 설 시 비 자 변 시 시 비 인

【평설】 이 글은 『명현집』明賢集과 『증광현문』에 보인다. 친한 사이도 아
닌데 나에 대한 시비를 전달하는 사람이 있다. 대개 그 사람이 그러한 시
빗거리를 만든 장본인일 경우가 많다. 굳이 모르고 넘어가도 될 일을 알
게 하여 나에 대한 이야기를 한 사람과 다시는 관계 회복을 할 수 없게 만
든다.

또 여기에는 나오지 않지만 조심해야 할 사람이 하나 더 있다. 나에게 와
서 다른 사람의 험담을 하는 사람이다. 그 사람은 나에 대한 험담도 다른
사람에게 똑같이 전할 가능성이 많다. 나의 판단력에 개입될 남들의 말
들을 조심해야 한다.

❧

『격양시』에 말하였다. "평소에 눈살을 찌푸릴 일을 하지 않으면 세상에 당신에게 이를 갈 사람이 없을 것이다." 그러니 "명망을 어찌 단단한 돌에 새길 것인가. 길 가는 사람의 입이 빗돌보다 낫다."

撃壤詩云 平生不作皺眉事 世上應無切齒人 大名豈有鑴頑石
격 양 시 운 평 생 부 작 추 미 사 세 상 응 무 절 치 인 대 명 기 유 전 완 석
路上行人口勝碑
노 상 행 인 구 승 비

【평설】 기존의 번역서에는 네 구 모두 소강절의 시로 번역했으나 이는 잘못된 것이다. 앞의 2구는 『이천격양집』권7「조삼하답향인불기지의」詔三下答鄕人不起之意에 나오고 뒤의 2구는 『오등회원』五燈會元「보봉문선사법사」寶峰文禪師法嗣에 "그대에게 권하노니 단단한 돌에다 공적을 새기려 하지 말라. 길 가는 행인의 입이 비석과 같도다"勸君不用鑴頑石, 路上行人口似碑라 나온다.

남에게 모질게 굴어서 원한을 품게 해서는 안 된다. 좋은 기억으로 관계를 끝내지 못하더라도 나쁜 기억으로 관계를 끝낼 필요는 없다. 자신의 거창한 공적을 빗돌에 새겨서 자랑거리로 만들기보다는, 만나는 사람에게 최선을 다해 좋은 평판을 만드는 것이 훨씬 더 중요하다. 중년이 되면 평판 관리의 중요성을 잘 알게 된다. 좋은 평판은 하루 아침에 쌓이지 않지만, 나쁜 평판은 하루 동안 저지른 실수 하나에도 퍼질 수 있다.

사향이 있으면 저절로 향기가 풍기는 것이니, 어찌 꼭 바람 향해
서서 있으리?

有麝自然香 何必當風立
유 사 자 연 향 하 필 당 풍 립

【평설】 사향麝香은 용연향龍涎香과 침향沈香과 함께 세계 3대 향으로 알
려져 있다. 사향은 천연 동물성 향료로 머스크(musk)라고도 한다. 사향
노루의 사향선腺을 건조시켜 얻는 분비물이다. 사향은 옛날부터 생약으
로서 강심·흥분·진경제鎮痙劑로 내복되었다. 사향노루와 관련된 고사성
어인 서제막급噬臍莫及은 후회막급後悔莫及의 뜻으로도 쓰인다.

이 글은 송나라 선사인 야보도천冶父道川의 시 일부다. 전체의 내용은 다
음과 같다. "조개 속에 진주가 들어가 있듯 돌덩이 속에 옥이 감추어 있
듯 사향 지니면 절로 향기로운데 어찌 꼭 바람 향해 서서 있으리."蚌腹隱
明珠, 石中藏碧玉. 有麝自然香, 何必當風立 실력이든 인품이든 남에게 드러낸
다고 해서 알아주는 것이 아니라, 내실을 갖추게 되면 자연스레 남들이
알아주는 때가 있다는 뜻이다.

복이 있다고 다 누리지 말아야 할 것이니, 복이 다하면 몸이 빈궁

해질 것이네. 권세가 있다고 다 부리지 말아야 할 것이니, 권세가

다하면 원한을 품은 사람과 서로 만나게 되네. 복이여, 늘 스스로

아껴야 하고, 권세여, 늘 스스로 공손해야 하네. 사람이 살아가면

서 교만하고 사치하면 시작은 있지만 끝이 없는 경우가 많네.

有福莫享盡 福盡身貧窮 有勢莫使盡 勢盡寃相逢 福兮常自惜
유 복 막 향 진 복 진 신 빈 궁 유 세 막 사 진 세 진 원 상 봉 복 혜 상 자 석

勢兮常自恭 人生驕與侈 有始多無終
세 혜 상 자 공 인 생 교 여 치 유 시 다 무 종

【평설】 이 시는 宋나라 석회심釋懷深의 『의한산사』擬寒山寺 「유복막향

진」有福莫享盡이다. 『금병매』에도 이와 비슷한 구절이 나온다. 복이나 권

세나 잠시 나에게 머물 뿐이다. 인생에서 영원한 집주인은 없고 모두 세

입자에 불과하다. 그러나 복과 권세는 지금 누리고 있는 것이 영원할 것

이라는 착각을 불러일으킨다. 재복財福이 있을 때는 나중을 위해 비축해

두고 권세가 있을 때는 남에게 몹쓸 짓을 하지 않아야 한다. 그렇게 하지

않았을 때는 재복이 떠나면 가난과 추위가 찾아오고, 권세가 다하면 원

수가 찾아오게 된다. 복은 사치를 권세는 교만을 조심해야 하는데, 이것

을 지키지 않으면 인생의 말년이나 관계의 끝이 좋지 않다.

왕참정王參政의 「사류명」四留銘에 말하였다. "남아서 다하지 않은 재주를 남겼다가 조물주에게 돌려주고, 남아서 다하지 않은 봉록俸祿을 남겼다가 조정에 돌려주고, 남아서 다하지 않은 재물을 남겼다가 백성에게 돌려주며, 남아서 다하지 않은 복을 남겼다가 자손에게 돌려주라."

王參政四留銘曰 留有餘不盡之巧 以還造物 留有餘不盡之祿
왕 참 정 사 류 명 왈 유 유 여 부 진 지 교 이 환 조 물 유 유 여 부 진 지 록
以還朝廷 留有餘不盡之財 以還百姓 留有餘不盡之福 以還子孫
이 환 조 정 유 유 여 부 진 지 재 이 환 백 성 유 유 여 부 진 지 복 이 환 자 손

【평설】 어떤 책에는 왕참정이 왕단王旦이라고 나오지만 왕백대王伯大(?~1253)의 오류이다. 왕백대는 송나라 복주福州 사람. 자는 유학幼學이고, 호는 유경留耕이다. 참지정사參知政事를 지내서 왕참정이라 불렸다. 그가 한유에 대한 주석서인 『주문공교창려선생집』朱文公校昌黎先生集을 썼는데 조선 세종 때에 널리 유통되고 있었던 것으로 추정된다. 위의 글은 『산당사고』山堂肆考 등에 실려 있다.

재주와 봉록, 재물과 복은 완전히 소진해 버리지 말고 조물주와 조정, 백성과 자손에게 남겨 주라고 했다. 자신이 누리고 있는 모든 것이 자신만의 소유가 아님을 깊이 각성하여 남긴 글이다. 결국 자신의 것을 타인에게 양보하라는 뜻이 된다. 말은 쉽지만 아무나 깨닫지 못하는 경지다. 인

생의 비의秘意를 깨달아서인지 "이 글을 벽 사이에 붙이자 갑작스레 구름과 안개가 사방에서 일어나고 노을빛이 하늘을 비추자 그 글이 있는 곳을 잃어버리게 되었다"貼于壁間, 忽一日雲霧四起, 霞光照天, 失其書所在라는 기록이 나온다.

황금 천 냥이 귀한 것이 아니요, 다른 사람의 한 마디 말을 얻는 것이 천금보다 낫다.

黃金千兩 未爲貴 得人一語 勝千金
황 금 천 냥 미 위 귀 득 인 일 어 승 천 금

【평설】 물질은 상황을 바꿀 수는 있지만 본질을 바꿀 수는 없다. 하지만 지혜는 상황과 본질 모두를 바꿀 수 있다. 다른 사람의 충언忠言과 고언 苦言은 그동안 내가 보지 못했던 다른 시야를 제공해 준다. 그러니 귀중한 한 마디 말이 황금 천 냥보다 귀한 것이 된다.

36

><

재주 있는 사람은 재주 없는 사람의 노예요, 괴로움은 즐거움의
어머니이다.

巧者 拙之奴 苦者 樂之母
교 자졸 지 노고 자 낙 지 모

【평설】 교졸巧拙은 항상 붙어서 쓰이곤 한다. 교巧는 보기 좋게 꾸미는
것이 개입된 것이고 졸拙은 모자란 것처럼 보여도 진실된 것이다. 결국
재주 있는 사람이 재주 없는 사람 아래에서 일하면서 재주를 남 좋은 데
쓰게 된다. 『형원소어』荊園小語에 "재주가 뛰어난 사람은 진실로 많은 복
을 얻지만, 재앙을 얻는 경우도 적지 않다. 재주 없는 사람은 이치를 따
라 분수에 만족하므로 큰 복은 없는 것처럼 보여도 큰 재앙이 이르지도
않는다"라 나온다. 이 글에서도 교巧와 졸拙에 대해서 졸의 손을 들어 주
었다.

괴로움 때문에 즐거울 수 있고, 즐거움만 찾다 보면 괴로울 수밖에 없다.
그렇기 때문에 괴로움을 마다하는 순간 정말로 괴로워지게 된다. 어쩌면
인간은 괴롭게 살 수밖에 없는 운명일지도 모른다. 이 글은 졸拙과 고苦
의 중요성을 말한 것이다. 재주 없는 듯 진실한 태도로 괴로움을 의연히
맞으라는 당부로도 읽힌다.

37

作은 배는 무거운 짐을 감당하기 어렵고, 으슥한 길은 혼자서 가기에 적당하지 않다.

小船 難堪重載 深逕 不宜獨行
소 선 난 감 중 재 심 경 불 의 독 행

【평설】 작은 배에 감당키 어려운 무게의 짐을 싣다가는 배가 가라앉게 되기 마련이고 으슥한 길에 혼자 가다가는 산적을 만나거나 호환虎患을 당하기 십상이다. 앞의 것은 능력에 대해서 뒤의 것은 상황에 대해서 말한 셈이다. 그러니 자신의 능력이나 역량의 한계를 잘 따져 보아 행동하고, 자신에게 주어진 상황에 합리적인 판단을 해야 한다.

38

황금이 귀한 것이 아니고 안락이 돈보다 가치가 크다.

黃金 未是貴 安樂 値錢多
황 금 미 시 귀 안 락 치 전 다

【평설】 이 글은 『증광현문』에 나온다. 안락함이 재물보다 가치가 있다는

말로 추가적인 설명이 필요 없다.

✖

집에 있을 때 손님을 맞을 줄 모르면, 밖에 나가서야 바야흐로 자신을 맞아줄 주인이 적은 줄을 알게 된다.

在家不會邀賓客 出外方知少主人
재 가 불 회 요 빈 객 출 외 방 지 소 주 인

【평설】 내가 남 대접을 해야 남도 내 대접을 한다. 대접을 받고 싶거들랑 대접을 해야 한다는 말이다. 여기에서 조금 더 확장해서 생각해 보자. 이 세상은 기버(giver)와 테이커(taker) 두 종류의 사람으로 나눌 수 있다. 기버(giver)는 자신의 이익보다 다른 사람을 더 생각하는 사람이고, 테이커(taker)는 다른 사람보다 자신의 이익을 더 생각하는 사람이다. 순간적으로는 테이커가 이득을 보는 것 같지만 결국 기버가 큰 복을 받게 된다. "받고 싶다면 먼저 주어라. 누구도 베풀지 않는 사람에게 호의를 지속하지 않는다."

40

가난하면 시끌벅적한 저잣거리에 살아도 서로 아는 사람이 없고,

부유하면 깊은 산 중에 살아도 먼 친척이 찾아온다.

貧居鬧市無相識 富住深山有遠親
빈 거 료 시 무 상 식 부 주 심 산 유 원 진

【평설】『증광현문』에는 "빈거료시무인간貧居鬧市無人間, 부주심산유원친
富住深山有遠親"이라 나온다. 무언가 자신에게 이익이 되면 상대방이 산
속에 살고 자신의 먼 친척뻘 되는 사람이라도 찾아가고, 아무런 도움이
안 된다 생각하면 가까운 거리에 살아도 찾아가지 않는 법이다. 세대를
막론하고 인간은 이익이 되는 데에는 꼬이고 이익이 안 되는 데에는 싸
늘했다.

❧

사람의 의리는 다 가난한 데로부터 끊어지고, 세상의 인정은 곧
돈 있는 집을 향하게 된다.

人義盡從貧處斷 世情便向有錢家
인 의 진 종 빈 처 단 세 정 변 향 유 전 가

【평설】 이 글은 송宋 석보신釋普信의 「송고구수」頌古九首 제4수其四에 비
슷한 내용이 나온다. 상대가 가난하면 연락할 만한 일에도 연락하지 않
지만, 상대가 부유하면 연락하지 않을 일에도 굳이 연락한다. 상대의 빈
부와 귀천을 떠나 갖는 만남은 그래서 귀하고도 드물다.

차라리 밑 빠진 항아리는 막을 수 있을지언정, 코 아래 가로놓인 입은 막기 어렵다.

寧塞無底缸 難塞鼻下橫
영 색 무 저 항 난 색 비 하 횡

【평설】 입조심에 대해서는 누구나 중요하다 생각하지만, 그것을 제대로 지키는 사람은 의외로 많지 않다. 어떤 이야기든 남에게 말하는 순간 다른 사람에게 전달되리라는 것을 예상해야 한다. 그래서 한번쯤 더 생각하고 말을 해야 하는데, 상대가 입이 가벼운 사람이라면 더더욱 그렇다. 남들은 나의 치부와 단점에 관대하지 않으며 절대로 보안을 유지해 주지 않는다. 그러니 살면서 입 가벼운 인간들에 대해 탄식할 것이 아니라 남들 입에 오르내릴 만한 일을 하지 않는 것이 중요하다.

사람의 마음은 모두 쪼들리는 데에서 소원하게 된다.

人情 皆爲窘中疎
인 정 개 위 군 중 소

【평설】 어떤 사이든 비슷한 처지일 때 만날 수 있지, 한쪽이 너무 처지면 만나기 어렵다. 비근한 예를 들어 보자. 나와 상대가 만나서 서로 번갈아 가며 사는 식사의 가격은 차이가 날 수도 있다. 내가 비싼 걸 살 때도 상대가 비싼 걸 살 때도 있기 마련이다. 그러나 한쪽이 일방적으로 계산하게 되면 그 관계는 지속되기 어렵다. 이럴 경우 상대방의 호의는 바라서도 안 되고 바랄 수도 없다. 이러다 관계가 소원해지면 상대방이 너그럽지 않은 것이 아니라 자신이 뻔뻔스러운 것이다.

『사기』史記에 말하였다. "하늘에 교郊제사를 지내고 종묘에 제례 올릴 때 술이 아니면 흠향하지 않고, 임금과 신하 그리고 친구 사이에도 술이 아니면 의리가 두터워지지 않으며, 다투고 나서 서로 화해함에도 술이 아니면 권면할 수 없다. 그러므로 술에 성공과 실패가 달려 있으니 함부로 마셔서는 안 된다."

史記曰 郊天禮廟 非酒不享 君臣朋友 非酒不義 鬪爭相和 非酒不勸
사 기 왈 교 천 례 묘 비 주 불 향 군 신 붕 우 비 주 불 의 투 쟁 상 화 비 주 불 권

故酒有成敗而不可泛飮之
고 주 유 성 패 이 불 가 범 음 지

【평설】 이 글은 『사기』에는 나오지 않는다. 제사에서 인간관계까지 술은 빠질 수 없으니, 그만큼 술이 중요하다는 뜻이다. 요령껏 술을 마시면 일을 이루게도 할 수 있지만, 함부로 술을 마시면 일을 어그러지게도 할 수 있다. 술은 필수불가결하지만 필요악일 수도 있다는 점을 함께 이야기했다.

공자가 말하였다.

"선비가 도에 뜻을 두었다면서 허름한 옷과 나쁜 음식을 부끄럽게 여기는 자는 도를 함께 의논할 수 없다."

子曰 士志於道而恥惡衣惡食者 未足與議也
자 왈 사 지 어 도 이 치 악 의 악 식 자 미 족 여 의 야

【평설】 이 글은 『논어』「이인」里仁에 나온다. 선비가 도에 뜻을 두었다는 것은 현세적 가치를 뛰어넘어 절대적 가치를 지향한다는 것이다. 그런 선비가 허름한 옷을 걸치고 나쁜 음식을 먹는 것을 부끄러워한다는 것은 스스로의 정체성을 부정하는 일이 된다. 그런 선비는 절대로 도를 추구하는 사람이 아니니 함께 도를 말할 상대가 될 수가 없다. 그 사람이 누리고 있는 것은 그 사람이 추구하는 것을 반증한다.

이것은 꼭 선비에게만 해당하는 말이 아니다. 스스로 스님이라고 칭하면서 일반 사람보다 몇 배나 강한 욕망을 보여 준 사람이 화제가 된 적이 있다. 그는 자신의 호화로운 삶을 대중매체에 공개하였다. 그것이 문제가 되리라는 최소한의 자각마저 상실한 상태였다. 사람들은 그를 무소유가 아니라 풀소유라고 비판했다. 그가 보여 준 길은 구도求道의 길이 아니라 구재鳩財: '비둘기가 먹이를 모으듯' 비둘기처럼 재물을 모으는 것을 비유하는 말의 길이었다.

46

순자가 말하였다.

"선비에게 질투하는 친구가 있으면 어진 친구와 가까이하려 하지 않고, 임금에게 질투하는 신하가 있으면 어진 사람이 오지 않는다."

荀子曰 士有妬友則賢交不親 君有妬臣則賢人不至
순 자 왈 사 유 투 우 즉 현 교 불 친 군 유 투 신 즉 현 인 부 지

【평설】 이 글은 『순자』 「대략」大略 29장에 나온다. 질투는 특정 사람과의 관계를 독점하려 해서 그 사람 주변의 관계를 파괴시킨다. 영국의 문인 존 드라이든은 "질투는 영혼의 황달이다"라고 했다. 질투는 남과의 관계를 망칠 뿐 아니라 자신도 추하게 만든다.

질투하는 신하나 친구가 있으면 그 사람 주변에는 어진 사람들이 모이지 않는다. 질투하는 사람들이 사전에 좋은 사람들의 접근을 차단하기 때문이다. 『한비자』에는 맹구지환猛狗之患의 이야기가 나온다. 사나운 개[猛狗]가 있는 집은 손님의 발길이 뜸해진다는 것이니, 좋은 사람들이 모여들게 하려면 임금의 주변에 못된 관료를 두어서는 안된다는 말이다.

47

하늘은 녹 없는 사람을 내지 않고, 땅은 이름 없는 풀을 기르지 않는다.

天不生無祿之人 地不長無名之草
천 불 생 무 록 지 인 지 부 장 무 명 지 초

【평설】 이 글은 『성세항언醒世恒言에 "천불생무록지인天不生無祿之人 지부장무근지초地不長無根之草"라 나온다. 사람이나 풀이나 다 존재의 이유가 있다. 아무리 하찮아 보이는 풀도 어딘가에는 꼭 쓰임이 있듯이, 사람도 이와 다를 바 없다. 잘나고 뛰어난 사람만이 삶을 살아갈 가치가 있는 것은 아니다. 어떤 존재라도 살아 있다는 것만으로 경외며 의미가 있는 것이다.

베르나르 베르베르의 『개미』에는 "행동하라! 무엇인가를 행하라! 하찮은 것이라도 상관없다. 죽음이 찾아오기 전에 당신의 생명을 의미 있는 뭔가로 만들라. 당신은 쓸데없이 태어난 것이 아니다. 당신이 무엇을 위하여 태어났는지를 발견하라. 당신은 우연히 태어난 것이 아니다. 명심하라."라 나온다. 아직 의미 있는 무언가를 만들지 못한 것뿐이지, 자신의 존재 자체가 무의미한 것은 아니라는 말이다. <앙(あん): 단팥 인생 이야기>라는 영화에는 이런 훌륭한 대사가 나온다. "잊지 마. 우리는 이 세상을 보기 위해서, 세상을 듣기 위해서 태어났어. 그러니 특별한 무언가

가 되지 못해도 우리는, 우리 각자는 살아갈 의미가 있는 존재야." 대다
수의 사람들은 특별하지 않지만 의미를 가진 존재라는 말이다.

48

큰 부자는 하늘에 달려 있고, 작은 부자는 부지런함에 달려 있다.

大富 由天 小富 由勤
대 부 유 천 소 부 유 근

【평설】 이 글은 송상궁宋尙宮의 『여논어』女論語와 『증광현문』에는 "대부
유명大富由命, 소부유근小富由勤"으로 나온다. 어지간한 부자는 자신의 부
지런함으로 이룰 수 있지만 거부는 하늘이 이루어 준다. 어느 정도까지
는 인간의 의지와 노력으로 달성이 가능하지만 그 이상은 하늘의 몫이
다. 이건 비단 부에만 국한된 문제가 아니라, 세상 만사가 그러하다. 그
래서 내가 할 수 있는 최선만을 다하고 그 나머지의 문제는 너무 집착할
필요가 없다.

49

집안을 일으킬 아이는 똥을 아끼기를 금처럼 하고, 집안을 망칠
아이는 돈 쓰기를 똥처럼 한다.

成家之兒 惜糞如金 敗家之兒 用金如糞
성 가 지 아 석 분 여 금 패 가 지 아 용 금 여 분

【평설】 어떤 아이는 하찮은 것도 귀한 것처럼 여기지만, 또 다른 어떤 아
이는 귀한 것도 하찮은 것처럼 여긴다. 여기서 집안의 성패成敗가 갈린
다. 자식을 교육할 때 새겨들어야 할 이야기다. 이 세상 모든 것을 귀하
게 여기는 마음을 자식에게 꼭 가르쳐야 한다.

50

소강절邵康節 선생이 말하였다. "조용히 살 때 조심하며 괜찮다고 말하지 말라. 괜찮다고 말하자마자 곧바로 해로운 일이 있게 된다. 입에 맞는 음식이 많으면 병이 생기고, 마음에 통쾌한 일도 지나치면 틀림없이 재앙이 있게 된다. 병이 난 후에 약을 먹기보다는 병이 나기 전에 스스로 예방하는 것이 낫다."

康節邵先生曰 閑居愼勿說無妨 纔說無妨便有妨 爽口物多能作疾
강 절 소 선 생 왈 한 거 신 물 설 무 방 재 설 무 방 변 유 방 상 구 물 다 능 작 질
快心事過必有殃 與其病後能服藥 不若病前能自防
쾌 심 사 과 필 유 앙 여 기 병 후 능 복 약 불 약 병 전 능 자 방

【평설】 마음을 놓는 순간 걱정거리가 찾아오니 방심하면 곤란하다. 입에 당기는 음식만 찾다 보면 병에 걸린다. 즐거운 일이라고 마구 누리다 보면 재앙이 찾아온다. 병이 나서 약으로 치료하기보다는 병 들기 전에 몸관리를 해야 한다. 삶에서 늘 경계하고 방심하지 말라는 당부를 담은 글이다.

51

재동제군의 수훈에 말하였다.

"묘약이라도 원통함으로 생긴 병은 치료하기 어렵고, 횡재도 꽉
막힌 운명의 사람을 부자로 만들어 주지는 못한다. 일을 만들면
일이 생기는 것을 그대는 원망하지 말고, 남을 해치면 남이 해치
는 것을 그대는 성내지 말라. 하늘과 땅은 자연스레 모두 보답이
있으니 그 보답이 멀게는 자손에게 가고 가깝게는 자기에게 간
다."

梓潼帝君垂訓曰 妙藥難醫冤債病 橫財不富命窮人 生事事生君莫怨
재 동 제 군 수 훈 왈 묘 약 난 의 원 채 병 횡 재 불 부 명 궁 인 생 사 사 생 군 막 원

害人人害汝休嗔 天地自然皆有報 遠在兒孫近在身
해 인 인 해 여 휴 진 천 지 자 연 개 유 보 원 재 아 손 근 재 신

【평설】 이 글은 『수호전』水滸傳에 나온다. 묘약이나 횡재도 정해 놓은 운
명을 뒤바꿀 수는 없다. 일을 만드는 것도 남에게 해침을 받는 것도 다
자신이 초래한 일이니 남을 원망하고 남에게 성낼 필요가 없다. 자신이
저지른 일은 그에 어울리는 보응報應을 받게 마련이니, 자신에게 돌아가
지 않더라도 자손들에게는 꼭 돌아간다. 전체적으로 운명을 인정하고 순
응해야 하지만 자신이 초래한 일에 대해서는 그에 대한 대가가 있으니
응당 책임을 져야 한다는 사실을 말했다.

52

꽃 지고 꽃이 피고 피었다 다시 지며, 비단옷도 베옷으로 다시 갈아입누나. 부잣집도 반드시 언제나 부귀한 것 아니요, 가난한 집이라 해서 반드시 언제나 적막하지 않누나. 사람이 들어올려도 반드시 하늘까지 오르지는 못할 것이고, 사람을 밀어도 반드시 구렁에 뒹굴진 않누나. 그대에게 권하노니, 모든 일에 하늘을 원망하지 말지니, 하늘 뜻은 사람에게 차별이 있지 않네.

花落花開開又落 錦衣布衣更換着 豪家未必常富貴 貧家未必長寂寞
화 락 화 개 개 우 락 금 의 포 의 갱 환 착 호 가 미 필 상 부 귀 빈 가 미 필 장 적 막
扶人未必上靑霄 推人未必塡溝壑 勸君凡事莫怨天 天意於人無厚薄
부 인 미 필 상 청 소 추 인 미 필 전 구 학 권 군 범 사 막 원 천 천 의 어 인 무 후 박

【평설】 이 글은 『금병매』金瓶梅 9회에 나온다. 꽃들이 시들었다 폈다를 반복하듯 인간들도 부귀를 반복한다. 지금의 부귀가 미래의 부귀를 약속하지 않으며 지금의 빈천이 미래의 빈천을 예기豫期하지 않는다. 세상은 돌고 도는 법이다. 사람이 어떤 이를 도와주려 하거나 해코지하려 하거나 의도대로 꼭 그렇게 되지 않는다. 일이 안 풀린다고 하늘 탓을 할 필요는 없다. 하늘은 공정하고 인간은 인간의 길을 가야 할 뿐이다. 이와 관련되어 『중용』中庸에는 "위로는 하늘을 원망하지 말고 아래로는 남을 허물하지 말라"上不怨天 下不尤人는 인상적인 구절이 나온다. 하늘을 원망 말고 남 탓하지 말고 주어진 사람의 길을 지치지 말고 가야 한다.

53

사람 마음 독하기가 뱀 같음을 한탄할 만하나, 누가 하늘의 눈이 수레바퀴처럼 돌고 있음을 알겠는가? 지난해 동쪽 이웃 물건 함부로 취했더니, 오늘은 다시 북쪽 집으로 돌아가네. 의롭지 못한 돈과 재물은 끓는 물에 눈을 뿌리는 것처럼 사라지고, 뜻밖에 얻은 논밭은 물이 모래를 밀어내는 것과 같이 사라지네. 만약 교활함과 속임수를 가지고 살아갈 계책을 삼는다면 아침에 피었다가 저녁에 지는 꽃과 거의 같으리.

堪歎人心毒似蛇 誰知天眼轉如車 去年妄取東隣物 今日還歸北舍家
감 탄 인 심 독 사 사 수 지 천 안 전 여 거 거 년 망 취 동 린 물 금 일 환 귀 북 사 가

無義錢財湯潑雪 儻來田地水推沙 若將狡譎爲生計 恰似朝開暮落花
무 의 전 재 탕 발 설 당 래 전 지 수 추 사 약 장 교 휼 위 생 계 흡 사 조 개 모 락 화

【평설】 이 글은 『수호전』 53회와 『금병매』 18회에 나오고, 명明 나염암羅念庵(나홍선羅洪先)의 「성세시醒世詩」 25수 중에 22수에 해당한다. 글자는 약간의 출입이 있다. 가장 무서운 게 사람이라지만 하늘은 쉴 새 없이 그 모든 것을 지켜본다. 이 세상 모든 것은 잠시 내 것으로 있을 뿐이다. 이러한 대전제를 말해 놓고 의롭지 못하게 얻은 재물이나 뜻밖에 얻은 전답은 허망하게 사라질 따름이라고 했다. 악착같이 해봐야 다 남의 소유로 넘어갈 것들에 대해 미련을 갖지 말라는 언외言外의 뜻이 있는 셈이다. 그러니 그런 신기루 같은 욕망을 위하여 교활함이라든지 속임수를

써서 안달복달 살 필요가 없다.

54

약으로도 재상의 목숨을 고칠 수 없고, 돈으로도 자손의 현명함을 사기는 어렵다.

無藥可醫卿相壽 有錢難買子孫賢
무 약 가 의 경 상 수 유 전 난 매 자 손 현

【평설】 명明 나홍선羅洪先(1504~1564)의 「성세시」 25수 중에 9수에 해당하고, 원元 무명씨의 「원가채주」冤家債主에 나온다. 아무리 관직이 높고 재물이 많아도 수명을 연장할 수 없고, 자손을 현명하게 만들 수도 없다고 했다. 현세적인 욕망에 가장 크게 작용하는 지위와 재력이 운명과 자식에게는 큰 영향을 끼칠 수 없다는 말이다. 나홍선은 명나라 때의 유학자이다. 1529년 진사 제1등의 우수한 성적으로 급제하여 한림수찬翰林修撰에 임명되었지만, 얼마 뒤 사직하고 귀향했다. 그후 왕양명王陽明을 사숙私淑하면서 독창적인 생각을 가미하여 사욕私慾을 버리고 일체의 인仁을 깨달아서 실천해야 한다고 주장했다.

55

하루 동안 맑고 한가로우면 하루 동안은 신선이다.

一日淸閑一日仙
일 일 청 한 일 일 선

【평설】 이 글은 명明 나홍선의 「성세시」 25수 중에 9수에 나오는 시구이다. 또, 당唐 허혼許渾의 「촌사 이수」村舍 二首에 "일일신한일일안"一日身閑 一日安이란 구절도 나온다. 신선은 산속 먼 곳에 있지 않다. 내 마음이 맑고 한가로우면 그것이 유지되는 동안은 내가 신선이 되는 것이다.

12부.

성심편 省心篇 하

마음을
살피는 글

1

진종황제眞宗皇帝 어제御製에 말하였다.

"위험을 알면 마침내 그물의 문으로 들어갈 일이 없을 것이요, 선한 이와 어진 이를 천거하면 몸을 편안히 하는 길이 저절로 있을 것이다. 인仁을 베풀고 덕德을 펴면 곧 대대로 번창할 것이요, 시기심을 품고 원한을 갚으면 자손에게 위태로움과 환란을 주는 것이다. 다른 사람을 손해 보게 해서 자신을 이롭게 하면 끝내 현달하는 자손이 없을 것이고, 사람들에게 피해를 주어 집안을 일으키면 어찌 오래도록 부귀를 누릴 수 있겠는가? 죄를 지어 이름을 고치고 목이 달아나는 일은 모두 교묘한 말솜씨에서 생기는 것이고, 재앙이 일어나고 몸이 상하게 되는 일은 모두 어질지 못함이 초래하는 것이다."

眞宗皇帝御製曰 知危識險 終無羅網之門 擧善薦賢 自有安身之路
진 종 황 제 어 제 왈 지 위 식 험 종 무 라 망 지 문 거 선 천 현 자 유 안 신 지 로

施仁布德 乃世代之榮昌 懷妬報寃 與子孫之危患 損人利己
시 인 포 덕 내 세 대 지 영 창 회 투 보 원 여 자 손 지 위 환 손 인 리 기

終無顯達雲仍 害衆成家 豈有長久富貴 改名異體 皆因巧語而生
종 무 현 달 운 잉 해 중 성 가 기 유 장 구 부 귀 개 명 이 체 개 인 교 어 이 생

禍起傷身 皆是不仁之召
화 기 상 신 개 시 불 인 지 소

【평설】이 글은 『금병매사화』金瓶梅詞話 48회에 나온다. 『명심보감』에는 진종황제의 글로 나오지만 확인할 수는 없다. 진종황제는 북송北宋의 3

대 황제인 조항趙恒(968~1022)이다. 황제의 글로 보면 신하들에 대한 당부로 읽힌다. 자신의 처신 여부에 따라 화복이 자신뿐 아니라 자손들에게까지 미친다. 교묘한 말솜씨와 어질지 못함이 재앙을 불러들이는 단초가 되고, 심하게는 생명을 잃게 된다고 했으니 서늘한 당부가 아닐 수 없다.

2

신종황제神宗皇帝의 어제에 말하였다.

"바르지 않은 재물은 멀리하고 지나친 음주는 경계하라. 살 때에
는 반드시 이웃을 가리고, 사귈 때는 친구를 가려라. 질투가 마음
에서 일어나지 않도록 하고, 남을 헐뜯는 말을 입에서 나오지 않
도록 하라. 동기간同氣間에 가난한 자를 멀리하지 말고, 남들 중에
부유한 자를 후하게 대하지 말라. 자기를 이겨 내는 일은 근면과
검소를 우선시하고, 사람들을 사랑하는 것은 겸손과 화목을 우선
시하라. 언제나 이미 지나간 과오를 생각하고, 매번 미래에 올지
도 모를 허물을 생각하라. 만약 나의 이 말에 의지한다면 나라와
집안을 다스림이 오래갈 수 있으리라."

神宗皇帝御製曰 遠非道之財 戒過度之酒 居必擇隣
신 종 황 제 어 제 왈 원 비 도 지 재 계 과 도 지 주 거 필 택 린

交必擇友 嫉妬 勿起於心 讒言 勿宣於口 骨肉貧者 莫疎 他人富者
교 필 택 우 질 투 물 기 어 심 참 언 물 선 어 구 골 육 빈 자 막 소 타 인 부 자

莫厚 克己 以勤儉爲先 愛衆 以謙和爲首 常思已往之非 每念未來之咎
막 후 극 기 이 근 검 위 선 애 중 이 겸 화 위 수 상 사 이 왕 지 비 매 념 미 래 지 구

若依朕之斯言 治國家而可久
약 의 짐 지 사 언 치 국 가 이 가 구

【평설】 이 글은 북송 제6대 황제였던 신종황제 조욱趙頊이 남긴 것이다.

먼저 생활 태도에서는 떳떳하지 않은 재물이나 과도한 음주를 경계했다.

그 다음 사람 관계에 대해서 언급했다. 이웃이나 친구를 가려 사귀라 했

으니 주변 사람들을 좋은 사람으로 채우라는 당부다. 질투나 헐뜯는 말은 상대방과의 관계를 파괴시키기 십상이니 이 또한 조심하라 했다. 사람들을 만날 때는 빈부貧富를 기준으로 하지 말며, 자신을 관리함에는 근면과 검소를, 남을 대할 때는 겸손과 화목을 첫째로 꼽아야 한다. 예전에 저질렀던 과오를 생각하고 아직은 오지 않았지만 올 수 있는 허물을 생각하라고 했다. 구구한 당부지만 여전히 새겨들을 말이 많다.

3

고종황제高宗皇帝의 어제에 말하였다.

"한 점 작은 불티도 능히 넓은 땅에 있는 섶을 태울 수 있고, 한 마디 그릇된 말도 평생 쌓아 온 덕을 그르치고 만다. 몸에 한 오라기의 실을 걸쳐도 항상 베 짜는 여자의 수고를 생각하고, 하루 세 끼니의 밥을 먹어도 농부의 노고를 생각하라. 구차하게 탐내고 시기해서 손해를 끼친다면 마침내 10년의 편안함도 없을 것이요, 선善을 쌓고 인仁을 보존하면 반드시 후손들에게 영화가 있으리라. 복福이 선행을 쌓아 온 데서 연유하게 된 것은 착한 행동이 쌓여서 생겨나는 것이고, 성인聖人의 경지에 들어가고 범속함을 뛰어넘는 것은 진실함과 성실함을 다하는 데에서 얻어지는 것이다."

高宗皇帝御製曰 一星之火 能燒萬頃之薪 半句非言 誤損平生之德
고 종 황 제 어 제 왈 일 성 지 화 능 소 만 경 지 신 반 구 비 언 오 손 평 생 지 덕

身被一縷 常思織女之勞 日食三飱 每念農夫之苦 苟貪妬損
신 피 일 루 상 사 직 녀 지 로 일 식 삼 손 매 념 농 부 지 고 구 탐 투 손

終無十載安康 積善存仁 必有榮華後裔 福緣善慶 多因積行而生
종 무 십 재 안 강 적 선 존 인 필 유 영 화 후 예 복 연 선 경 다 인 적 행 이 생

入聖超凡 盡是眞實而得
입 성 초 범 진 시 진 실 이 득

【평설】 이 글은 남송 첫 황제인 고종황제 조구趙構가 남긴 것이다. 모든 것은 작은 것에서 허물어지니 작은 일을 조심해야 된다. 옷과 음식을 대

하면 타인의 노고를 기억해야 한다. 못된 짓을 하면 10년 동안도 편안할 수 없고, 좋을 일을 하면 후손들에게까지 복이 돌아간다. 선행을 쌓으면 복을 받고, 진실하고 성실하면 성인의 경지에 들어간다. 전반적으로 남을 대하는 방식에 대한 조언을 담고 있다.

왕량王良이 말하였다.

"그 임금을 알고자 한다면 먼저 그 신하를 살펴보고, 그 사람을 알고자 한다면 먼저 그 친구를 살펴보고, 그 아버지를 알고자 한다면 먼저 그 자식을 살펴보라. 임금이 성군이면 그 신하가 충성스럽고, 아버지가 인자하면 자식이 효도한다."

王良曰 欲知其君 先視其臣 欲識其人 先視其友 欲知其父 先視其子
왕 량 왈 욕 지 기 군 선 시 기 신 욕 식 기 인 선 시 기 우 욕 지 기 부 선 시 기 자

君聖臣忠 父慈子孝
군 성 신 충 부 자 자 효

【평설】 어떤 사람의 사람됨을 알고 싶다면 그의 친한 친구를 만나 보면 된다. 친하게 지내고 있는 사람들이 그 사람의 수준을 말해 준다. 결혼 상대자를 결정할 때 상대의 친구를 만나 보면, 대개 내가 결혼할 사람이 어떤 사람인지를 확인할 수 있다.

어떤 사람을 제대로 알고 싶다면 그 사람 주변 사람을 살펴보면 된다. 임금과 아버지를 알고 싶다면 신하와 자식을 보아야 한다. 암군暗君 아래에는 어리석은 신하들이, 무례한 아버지에게는 막돼먹은 자식이 있다. 마지막 문장에서는 임금과 아버지가 모범을 보여야 신하와 자식도 그에 어울리는 행동을 한다고 했다. 아랫사람의 처신에는 윗사람에게 책임이 있다는 사실을 분명히 밝힌 셈이다.

5

『공자가어』孔子家語에 말하였다.

"물이 지극히 맑으면 고기가 없고, 사람이 지극히 까다로우면 따르는 무리가 없다."

家語云 水至淸則無魚 人至察則無徒
가 어 운 수 지 청 즉 무 어 인 지 찰 즉 무 도

【평설】 어떤 사람의 너그러움이 인격의 정도다. 자기의 기준이 엄격할수록 주변에 남아 있는 사람의 숫자는 줄어들기 마련이다. 사람마다 허물이나 흠결이 없는 사람은 없다. 누군가의 허물이나 흠결에 집중한다면 어느 사람도 부릴 사람이 없다. 그러니 상대가 작은 허물이나 흠결이 있다손 치더라도 상대의 모든 것을 내쳐서는 곤란하다. 자신은 깨끗하고 엄격하게 생활할지라도, 그것을 상대에게 요구하는 것은 또 다른 폭력일수 있다.

허경종許敬宗이 말하였다. "봄비는 기름과 같지만 길 가는 사람은 그 진흙탕을 싫어하고, 가을달은 밝게 비치지만 도둑은 그 밝게 비추는 것을 싫어한다."

許敬宗曰 春雨如膏 行人 惡其泥濘 秋月揚輝 盜者 憎其照鑑
허 경 종 왈 춘 우 여 고 행 인 오 기 니 녕 추 월 양 휘 도 자 증 기 조 감

【평설】 허경종許敬宗(592~672)은 무측천을 도와 저수량褚遂良을 축출하고 장손무기長孫無忌와 상관의上官儀 등을 압박해 살해했으니, 전형적인 간신이었다. 위의 글은 당태종과 나눈 대화의 맥락에서 살펴볼 필요가 있다. 당태종이 허경종에게 "짐이 보건대 여러 신하들 중에 오직 경이 가장 현명한데, 그대의 잘못에 대해서 말하는 사람이 있는 것은 어째서입니까?"라 하자, 허경종이 말한 대답이었다.

누군가의 호재가 누군가에게는 악재가 된다. 어떤 일의 해석은 입장이나 상황에 따라 달라질 수 있다. 허경종의 삶을 차치해 놓고 해석하자면 이 말도 일리가 전혀 없는 말은 아니다. 그러나 그가 걸어온 삶을 고려해 볼 때 이 말은 상당히 위험한 말임에 틀림없다. 이런 상대성에 대한 언급은 지켜야 할 원칙과 가치를 허물어뜨릴 수 있는 우려가 있기 때문이다.

『경행록』에 말하였다.

"대장부는 선善을 보는 것이 밝기 때문에 명분과 절의를 태산보다 무겁게 여기고, 마음 쓰는 것이 세심하기 때문에 죽고 사는 것을 기러기 털보다 가볍게 여긴다."

景行錄云 大丈夫見善明 故重名節於泰山 用心精 故輕死生於鴻毛
경 행 록 운 대 장 부 견 선 명 고 중 명 절 어 태 산 용 심 정 고 경 사 생 어 홍 모

【평설】 높은 것은 명분과 절의이고 가벼운 것은 죽음과 삶이다. 소인의 삶은 이와는 정반대다. 대장부는 죽어도 사는 것이지만 소인은 살아도 죽은 것이다.

8

꘎

남의 흉한 일을 불쌍히 여기고, 남의 선한 점을 즐거워하며, 남의
급한 일을 도와주고, 남의 위태로움을 구해 주어라.

憫人之凶 樂人之善 濟人之急 救人之危
민 인 지 흉 낙 인 지 선 제 인 지 급 구 인 지 위

【평설】 남의 좋은 점은 배우고 남의 어려움은 외면하지 말라. 빈민구제
를 주도했던 정일우 신부님에게 어떤 후배 신부가 고민을 상담하러 찾아
왔다. 정일우 신부님은 후배를 차에 태워서 국도에 나가 날이 어둑해질
때까지 이야기를 그저 듣기만 했다. 나중에 출발하려고 차 안의 불을 켜
니 정일우 신부님이 눈물을 흘리고 있었다. 상대의 이야기를 들으며 눈
물을 흘리고 있었던 것이다. 평소 정일우 신부님은 "발바닥으로 듣는다"
라고 말했다. 온몸으로 상대방의 슬픔과 아픔에 공감하라는 말이다. 남
의 아픔과 슬픔에 공감하는 것이 하늘의 마음이다.

9

눈으로 직접 본 일도 모두 진짜가 아닐까 봐 두려운데, 등 뒤에서
하는 말을 어찌 깊이 믿을 수 있겠는가?

經目之事 恐未皆眞 背後之言 豈足深信
경 목 지 사 공 미 개 진 배 후 지 언 기 족 심 신

【평설】 이 글은 『수호전』과 『금병매』에 나온다. 눈앞에서 벌어진 일도 혹
시라도 잘못 본 것이 아닐까 걱정이 되는데, 하물며 내가 없는 등 뒤에서
남들이 했던 말들을 무턱대고 믿을 수는 없다. 직접 보지 않고 듣지 않은
일에 대해서 함부로 판단해서는 곤란하다는 말이다.

10

제 집 두레박 줄이 짧은 것은 탓하지 않고, 단지 남의 집 우물이 괴롭게 깊은 것만 탓한다.

不恨自家汲繩短 只恨他家苦井深
불 한 자 가 급 승 단 지 한 타 가 고 정 심

【평설】 이 글은 『증광현문』에는 "제 집 두레박 줄이 짧은 것은 말하지 않고, 도리어 다른 사람의 우물이 깊은 것만 말한다"不說自己井繩短, 反說他人籠井深라고 나온다. 고정苦井은 원래 물맛이 나쁜 우물을 지칭하나, 여기서는 우물이 깊어 물 푸는 것이 힘든 것을 의미하는 것으로 보인다.

이 글은 남의 탓을 하지 말라는 당부를 담은 것이다. 남 탓의 가장 큰 문제는 모든 문제의 본질이 자기에게 있음을 외면한 채, 다른 사람에게서 문제를 찾는다는 것이다. 『논어』「위령공」衛靈公에 "군자는 모든 일의 원인을 자신에게서 찾고, 소인은 남에게서 찾는다"君子求諸己, 小人求諸人라고 하였다. 다른 사람은 내가 고칠 수 없고, 고칠 수 있는 것은 나 자신뿐임을 기억해야 한다.

11

부정을 저지르는 사람이 천하에 가득한데, 죄는 복 없는 사람만 받는다.

贓濫滿天下 罪拘薄福人
상 람 만 천 하 죄 구 박 복 인

【평설】 법은 커다란 그물과 같아서 빈틈이 많다. 권력과 재산이 있으면 큰 잘못을 저지른 사람도 쉽게 법망을 빠져나올 수 있지만, 아무것도 가진 것이 없으면 더 작은 잘못을 저지른 사람도 더 큰 벌을 받기 마련이다. 이런 일은 요즘에도 비일비재하게 일어난다. 몇백억 규모의 부정을 저지른 재벌은 빠져나올 수 있지만, 몇천 원짜리 물건을 훔친 사람은 실형을 받는다.

12

❧

하늘이 만약 상도常道를 바꾼다면 바람이 불지 않았는데도 비가
올 것이고, 사람이 만약 상도를 바꾼다면 병이 나지 않았는데도
죽게 될 것이다.

天若改常 不風則雨 人若改常 不病則死
천 약 개 상 불 풍 즉 우 인 약 개 상 불 병 즉 사

【평설】 이 글은 『홍루몽』紅樓夢에 "인약개상人若改常, 비병즉사非病即死"라
나온다. 하늘이나 사람이나 바른 길을 잃게 되면 괴이한 일이 발생하게
된다. 기존의 번역에서 '불풍즉우'不風則雨를 '바람이 불지 않으면 비가 내
린다'라 하였으나 이는 잘못된 번역이다. 상도를 바꾸었으니 상도에 어
긋난 현상으로 해석해야 한다. '불병즉사'不病則死도 마찬가지다.

13

「장원시」壯元詩에 말하였다.

"나라가 바르면 천심天心도 따라주고, 관리가 청렴하면 백성들이 절로 편안하네. 아내가 어질면 남편의 화가 적을 것이요, 자식이 효도하면 아버지의 마음이 너그러워지네."

壯元詩云 國正天心順 官淸民自安 妻賢夫禍少 子孝父心寬
장 원 시 운 국 정 천 심 순 관 청 민 자 안 처 현 부 화 소 자 효 부 심 관

【평설】 이 글은 왕수汪洙의 『신동시』神童詩라는 책에 나오는 시이다. 왕수는 자字가 덕온德溫이다. 어려서부터 재주가 뛰어나 아홉 살부터 시에 능하여 왕신동汪神童이라 불려졌다. 위 시의 내용은 따로 설명할 필요가 없이 문면 그대로 이해하면 되겠다.

14

公자가 말하였다.

"나무는 먹줄을 따르면 곧게 자를 수 있고, 사람이 간언을 따르면
성군이 된다."

子曰 木從繩則直 人受諫則聖
자 왈 목 종 승 즉 직 인 수 간 즉 성

【평설】 이 글은 『서경』書經 「상서商書 열명상說命上」에 "목종승즉정木從繩
則正, 후종간즉성后從諫則聖"이라고 나온다. 위의 글에 나오는 사람은 임
금을 말한다. 인품이 뛰어난 사람도 자성自省만으로는 한계가 있기 마련
이다. 타인의 충고나 고언을 받아들여야 자신의 잘못된 판단이나 오류를
고칠 수 있다. 임금이 간언을 싫어하면 신하 중 그 누구도 옳은 말을 하
기가 어렵다. 간언을 들으면 성군이 될 수 있고, 간언을 듣지 않으면 암
군暗君이 된다.

15

한 줄기 푸른 산은 경치가 그윽한데 앞사람이 가꾸던 논밭을 뒷
사람이 거두누나. 뒷사람은 거두게 될 것 기뻐하지 말지니, 다시
거둘 사람이 뒤에 있도다.

一派靑山景色幽 前人田土後人收 後人收得莫歡喜 更有收人在後頭
일 파 청 산 경 색 유 전 인 전 토 후 인 수 후 인 수 득 막 환 희 갱 유 수 인 재 후 두

【평설】 이 글은 범중엄范仲淹의 「부채에 써서 문인에게 보여 주다」書扇示
門人라는 제목의 시이다. 이 세상에 영원한 내 것은 없다. 우리는 이 평범
한 진리를 종종 잊고 산다. 무엇이든 내 소유로 만들어 완벽히 소진하겠
다는 발상만큼 어리석은 생각도 없다. 잠시 사는 세상에서 무엇이든 잠
깐만 빌렸다가 뒷사람을 위해 남겨야 놓아야 한다. 인생이란 잠시 빌려
입었던 옷들을 벗어 옷걸이에 걸어 놓고 가는 것이다.

소동파蘇東坡가 말하였다.

"아무런 이유 없이 천금을 얻는다면 큰 복이 있는 것이 아니라 반드시 큰 재앙이 있는 것이다."

蘇東坡曰 無故而得千金 不有大福 必有大禍
소 동 파 왈 무 고 이 득 천 금 불 유 대 복 필 유 대 화

【평설】 생각지도 않게 들어온 돈은 행운이 아니라 불행을 가져다준다. 고액의 복권 당첨자들이 결국 불행해졌다는 이야기는 너무나 흔하게 들어 왔다. 감당할 수 없는 돈이 감당할 준비가 되어 있지 않은 사람한테 들어오는 것은 불행의 시작일 수밖에 없다. 횡재橫財는 횡액橫厄의 다른 이름이다.

17

꩜

소강절 선생이 말하였다.

"어떤 사람이 와서 점에 대해 묻기를 '어떠한 것이 화禍와 복福입니까?' 하자, '내가 남을 해롭게 하는 것이 화요, 남이 나를 해롭게 하는 것이 복이요'라고 하였다."

康節邵先生曰 有人來問卜 如何是禍福 我虧人是禍 人虧我是福
강절소선생왈유인래문복여하시화복아휴인시화인휴아시복

【평설】어떤 것이 화와 복일까? 화란 내가 남을 해롭게 하는 것이다. 남을 해롭게 하면 남에게 원망과 원한이 쌓여 언제인가 앙갚음을 받게 된다. 반면 복이란 남이 나를 해롭게 하는 것이다. 남이 나를 해롭게 하는 일을 통해, 내 탓으로 불러온 일이 아닌지 자신을 한 번 더 성찰할 수 있다. 사실 화복禍福은 상대적인 개념이 아니다. 『한서』漢書 권48 「가의전」賈誼傳에 "화와 복의 관계여, 밧줄이 얽힌 것과 어찌 다르리오" 하였다. 그렇기 때문에 화복은 현상의 문제가 아니라 해석의 문제다.

18

큰 집이 천 칸이나 될지라도 밤에 여덟 자 방에 누워 자고, 좋은 밭이 만 이랑이 될지라도 하루에 두 되 먹는다.

大廈千間 夜臥八尺 良田萬頃 日食二升
대 하 천 간 야 와 팔 척 양 전 만 경 일 식 이 승

【평설】 이 글은 『증광현문』과 송宋 진록陳錄의 『선유문』善誘文에 나온다. 아무리 부유한 사람도 자고 먹는 것은 일반적인 사람과 별 차이가 없이 거기서 거기다. 소유한다고 다 누릴 수도 없는 셈이다. 그러니 부유함을 부질없이 욕망할 필요가 없다.

19

❧

오래 머물면 사람을 천하게 하고, 자주 오면 친하던 사이도 소원해지네. 다만 사흘이나 닷새 만에 보아도 서로 보는 것이 처음만 못하네.

久住令人賤 頻來親也疎 但看三五日 相見不如初
구 주 령 인 천 빈 래 친 야 소 단 간 삼 오 일 상 견 불 여 초

【평설】이 글은『증광현문』에 보인다. 친할수록 조심하고 어려워하는 것이 관계를 지속하는 힘이다. 친하다는 명목으로 이해받지 못할 행동을 이해받으려 해서는 곤란하다. 오래 머무는 것과 자주 방문하는 것은 서로 간에 지켜야 하는 규칙을 깨뜨리는 일이다. 이런 불만이 쌓이다가 임계점을 넘어서 상대방에게 표현하는 순간이 되면 관계는 지속되기 어려워진다.

20.

목이 마를 때 한 모금 물은 감로수와 같고, 취한 후에 한 잔 더하는 것은 안 마시는 것만 못하다.

渴時一滴 如甘露 醉後添盃 不如無
갈 시 일 적 여 감 로 취 후 첨 배 불 여 무

【평설】 이 글은 『증광현문』에 보인다. 세상에는 꼭 필요한 일과 필요하지 않은 일 두 가지로 나뉜다. 필요한 일은 해야 하고 필요하지 않은 일은 하지 않아야 한다. 이런 예는 수도 없이 많이 찾을 수 있지만 그중에 위로와 충고를 들 수 있다. 남이 힘겨워할 때 위로를 하는 것은 감로수와 같지만, 남이 마음에 들지 않을 때 충고를 하는 것은 지나친 음주와 같다. 충고는 남이 요구할 때 하는 것이지, 내가 못 견딜 때 하는 것이 아니다.

술이 사람을 취하게 한 것이 아니라 사람이 제 스스로 취하는 것이요, 여색이 사람을 미혹시킨 것이 아니라 사람이 제 스스로 미혹되는 것이다.

酒不醉人人自醉 色不迷人人自迷
주 불 취 인 인 자 취 색 불 미 인 인 자 미

【평설】 이 글은『금병매사화』에 나온다. 술이나 여색 자체가 문제가 아니라, 거기에 나약하게 빠지는 자신이 문제다. 영화 〈빠삐용〉(1973)에는 "유혹을 견디는 것이 참된 인격의 정도다"(A temptation resisted is a true measure of character)라는 명대사가 나온다. 유혹은 준비된 자에게 오는 것이다. 술과 여색을 스스로 자제하거나 제어할 수 없다면 그것과 거리를 두는 것이 최선이라 할 수 있다.

22

공적인 마음을 사사로운 마음에 견준다면 무슨 일인들 해내지 못하겠는가? 도를 향하는 마음을 만약 정념情念같이 여긴다면 성불한 지 오래였을 것이다.

公心 若比私心 何事不辨 道念 若同情念 成佛多時
공 심 약 비 사 심 하 사 불 판 도 념 약 동 정 념 성 불 다 시

【평설】『치문경훈』緇門警訓에 도념道念에 대한 이야기가 일부 실려 있다. 사람은 사심私心과 정념情念에 빠지기 쉽다. 그러나 공심公心과 도념道念은 여간 노력하지 않으면 도달하기 힘든 경지다. 앞부분은 보편의 삶으로, 뒷부분은 구도求道의 삶으로 볼 수 있다. 구전문사求田問舍는 자기가 부칠 논밭과 살림할 집을 구하는 데에만 마음을 쓰는 것을 말한다. 이것은 자기 일신상의 이익에만 마음을 쓰고 공적인 일에는 무관심한 것을 이른다. 이런 삶은 세상에 욕먹을 것도 없지만 존경받을 일도 없다. 사적인 마음에서 공적인 마음으로의 전환을 할 수 있는지 여부가 가치 있는 삶의 척도가 된다. 구도도 마찬가지다. 애초부터 자연스레 끌리게 마련인 정념을 접어 두고, 성성한 도념을 가져야 성불의 길로 갈 수 있다. 이 두 가지 일은 말은 쉽지만 아무나 하기 힘들다.

염계 선생이 말하였다.

"영악한 자는 말을 잘하고 어수룩한 자는 침묵을 지키며, 영악한 자는 수고롭고 어수룩한 자는 편안하다. 영악한 자는 남을 해치고 어수룩한 자는 덕이 있으며, 영악한 자는 흉凶하고 어수룩한 자는 길吉하다. 아! 천하가 어수룩하면 형벌로 다스리는 정치가 사라져서, 윗사람(임금)은 편안하고 아랫사람(백성)은 순종하여, 풍속은 맑아지고 폐단은 없어지리라."

濂溪先生曰 巧者言 拙者黙 巧者勞 拙者逸 巧者賊 拙者德 巧者凶
염계 선생 왈 교 자 언 졸 자 묵 교 자 로 졸 자 일 교 자 적 졸 자 덕 교 자 흉

拙者吉 嗚呼 天下拙 刑政 撤 上安下順 風淸弊絶
졸 자 길 오 호 천 하 졸 형 정 철 상 안 하 순 풍 청 폐 절

【평설】 이 글은 주돈이周敦頤(염계 선생)의 「졸부拙賦」에 나온다. 여기 영악함[巧]과 어수룩함[拙] 두 갈래의 길이 있다. 어수룩한 것은 언뜻 보면 손해 보고 모자라 보인다. 그러나 군자는 어수룩하고, 소인은 영악하다. 글 말미에서는 세상이 어리숙해질 것을 강조하여 약삭빠르게 영악함만을 추구하는 세상에 대한 경종을 울렸다.

24

❧

『주역』周易에 말하였다. "덕德은 변변찮으면서 지위가 높거나, 지혜는 작으면서 계책이 크면 화를 당하지 않는 자가 드물다."

易曰 德微而位尊 智小而謀大 無禍者鮮矣
역 왈 덕 미 이 위 존 지 소 이 모 대 무 화 자 선 의

【평설】 이 글은『주역』「계사전 하」繫辭傳下에 다음과 같이 나온다. 공자가 말하기를, "덕이 변변찮으면서 지위가 높거나, 지혜가 작으면서 계책이 크고, 힘이 부족하면서 짐이 무거우면 화가 미치지 않는 자가 드물다" 德薄而位尊 知小而謀大 力小而任重 鮮不及矣라고 하였다.

여기 두 종류의 문제적 인간이 있다. 먼저 깜냥이 안 되는데 높은 자리에 올라서 아랫사람에게 호령하는 경우다. 다음으로 지혜도 부족하면서 도모하는 게 큰 것이니, 이상과 현실의 괴리가 큰 경우다. 일은 한껏 벌여놓고 수습이 안 되니, 이런 사람들이 높은 자리에 오르는 것은 본인뿐 아니라 조직의 비극이다.

『설원』說苑에 말하였다.

"관리는 높은 자리에 올랐을 때 게을러지고, 병은 조금 낫는 데서 깊어지며, 재앙은 게으른 데서 생기고, 효도는 처자식 때문에 약해진다. 이 네 가지를 살펴서 삼가 끝맺기를 처음처럼 해야 한다."

說苑曰 官怠於宦成 病加於小愈 禍生於懈惰 孝衰於妻子 察此四者
설 원 왈 관 태 어 환 성 병 가 어 소 유 화 생 어 해 타 효 쇠 어 처 자 찰 차 사 자
愼終如始
신 종 여 시

【평설】 어떤 일이든 처음에 문제가 생기는 일은 드물다. 일이 어느 정도 진행되어서 긴장하던 마음이 풀리게 될 때에 항상 문제가 발생한다. 그러한 예로 관리, 병, 재앙, 효도를 들었다. 시작보다 마무리가 항상 중요하다. 그래서 시종始終이란 말보다 종시終始라는 말을 즐겨 쓴다. 그만큼 마무리가 쉽지 않다는 뜻이니 처음보다 마무리에 방점을 찍은 말이다. 처음에 잘했지만 마무리를 잘못하면 앞에서 잘했던 것이 빛이 바래지만, 처음에 어설펐지만 마무리를 잘하면 앞에 어설펐던 것은 무마가 된다.

26

그릇이 가득 차면 넘치기 마련이고 사람이 자만하면 잃게 마련이다.

器滿則溢 人滿則喪
기 만 즉 일 인 만 즉 상

【평설】 이 글은 송宋 임포林逋의 『성심록』省心錄에 나온다. 교만과 자만처럼 위험한 행동도 없다. 이런 일은 스스로 적과 재앙을 불러들이는 일이다. 자만은 결국 자멸自滅의 다른 이름이다.

27

한 자나 되는 구슬이 보배가 아니고, 짧은 시간이야말로 다투어 아껴야 한다.

尺璧非寶 寸陰是競
척 벽 비 보 촌 음 시 경

【평설】 이 글은 『천자문』千字文에 나온다. 시간의 소중함과 관련된 격언이나 이야기는 정말로 많다. 그만큼 시간이 소중하다는 뜻이다. 나폴레옹은 "오늘의 불행은 언젠가 내가 잘못 보낸 시간의 보복이다"라고 말한 바 있다. 하루를 잘못 살면 하루 빨리 죽는 것과 다름없으니, 하루하루를 허투루 보낼 수는 없다.

28

양고기 국이 비록 맛있다 하나, 여러 사람의 입맛을 맞추기는 어렵다.

羊羹 雖美 衆口 難調
양 갱 수 미 중 구 난 조

【평설】 이 글은 『오등회원』에 나온다. 모든 사람의 입맛에 맞는 국은 없다. 대부분의 사람은 나에 대해서 무관심하며 일부는 좋아하거나 미워한다. 아무리 노력한다 해도 까닭 없이 나를 미워하고 싫어하는 사람은 어디에나 있다. 나를 미워하고 싫어하는 사람에게 인정을 받으려 불필요한 에너지를 쓸 필요가 없다. 모두에게 좋은 사람이란 결국 아무에게도 좋지 않은 사람이란 뜻도 된다. 모든 사람을 만족시키려 들다가는 이 맛도 저 맛도 아닌 특색을 잃어버린 음식처럼 되어 버리기 십상이다. 남한테 너무 휘둘리지 말고 자신의 생각을 견지할 필요가 있다.

29

『익지서』에 말하였다.

"흰 옥을 진흙탕에 던지더라도 그 빛을 더럽힐 수 없고, 군자는 더러운 곳에 가더라도 그 마음을 물들이거나 어지럽힐 수 없다. 그러므로 소나무·잣나무는 서리와 눈을 견디어 낼 수 있는 것이고, 밝은 지혜를 갖춘 사람은 위급함과 어려운 일을 넘길 수 있다."

益智書云 白玉 投於泥塗 不能汚穢其色 君子 行於濁地
익 지 서 운 백 옥 투 어 니 도 불 능 오 예 기 색 군 자 행 어 탁 지

不能染亂其心 故 松柏 可以耐雪霜 明智 可以涉危難
불 능 염 란 기 심 고 송 백 가 이 내 설 상 명 지 가 이 섭 위 난

【평설】 어떤 상황이 사람의 본질을 바꾸어 놓을 수는 없다. 상황이 본질을 바꾸어 놓는다면 그것은 그 사람의 인격이 아직 덜 성숙되었다는 의미다. 흰 옥을 아무리 진흙탕에 던져 놓더라도 흰 빛깔은 변색되지 않고, 군자를 나쁜 상황에 처해 있게 하더라도 그 깨끗한 마음은 변심되지 않는다. 이러한 모습은 절개를 상징하는 소나무나 잣나무와 밝은 지혜를 갖춘 사람에게도 증명이 된다. 도종환의 「라일락꽃」에는 이러한 모습이 잘 나온다. "꽃은 진종일 비에 젖어도 향기는 젖지 않는다. (……) 꽃은 하루 종일 비에 젖어도 빛깔은 지워지지 않는다." 꽃은 요란한 빗줄기에도 향기와 빛깔을 잃지 않는 법이다.

산에 들어가 호랑이를 잡는 것은 쉬우나, 입을 열어 남에게 도와

달라고 하기는 어렵다.

入山擒虎 易 開口告人 難
입 산 금 호 이 개 구 고 인 난

【평설】 이 글은 『경세통언』警世通言에 나온다. 남에게 구차하거나 아쉬

운 소리를 하는 것이 산에 들어가서 호랑이 잡는 것보다도 어렵다고 했

다. 그렇기 때문에 아주 피치 못할 상황이 아니라면 남에게 어려운 부탁

을 하는 일만은 가급적 피해야 한다. 상대가 거북할 만한 부탁이 반복되

면 그와의 관계는 나빠지기 마련이다. 남의 어려운 부탁을 외면해서는

안 되지만, 남에게 어려운 부탁도 하지 않아야 한다.

31

❧

먼 곳에 있는 물은 가까이서 난 불을 끄지 못하고, 먼 곳에 사는
친척은 가까운 이웃만 못하다.

遠水 不救近火 遠親 不如近隣
원 수 불 구 근 화 원 친 불 여 근 린

【평설】 이 글은 『증광현문』에 나온다. 또, 『한비자』韓非子 「설림 상」說林上
에도 "불이 났는데 바다에서 물을 길어다가 불을 끄려고 한다면 바닷물
이 아무리 많아도 불을 반드시 끄지 못할 것이니, 멀리 있는 물로는 가까
운 곳의 불을 끌 수 없기 때문이다"라 나온다. 지금 내 옆에 있고 자주 만
나는 사람들이 나에게 가장 소중한 법이다. 우리는 오래전에 이미 유효
기간이 종료된 사람들을 연말에 한 번씩 만난다. 그러나 마치 빛바랜 앨
범을 열어 보는 것처럼 우리 관계의 유효함을 서로 확인하는 데 의미가
있을 뿐이다. 그러니 지금 가까이 있는 사람들을 아끼고 소중하게 여겨
야 한다.

태공이 말하였다.

"해와 달이 비록 밝으나 엎어 놓은 화분의 속은 비출 수 없고, 칼날이 비록 잘 들더라도 죄 없는 사람은 벨 수 없으며, 나쁜 재앙과 뜻밖의 화禍도 조심하는 집안에는 들어오지 못한다."

太公曰 日月 雖明 不照覆盆之下 刀刃 雖快 不斬無罪之人 非災橫禍
태 공 왈 일 월 수 명 부 조 복 분 지 하 도 인 수 쾌 불 참 무 죄 지 인 비 재 횡 화
不入愼家之門
불 입 신 가 지 문

【평설】 이 글은 여러 책에 나오는 내용을 모은 것이다. 아무리 세상에 별의별 일이 다 생기지만 죄 없는 사람과 조심하는 집안에는 흉한 일은 벌어지지 않는다. 재앙은 스스로 자초하는 것이 많으니 죄를 짓지 않는 것은 물론이거니와 조심하고 삼가서 재앙의 빌미를 제공하는 일이 없어야 한다.

태공이 말하였다.

"좋은 밭 만 이랑이 하찮은 기술이 몸에 있는 것만 같지 못하다."

太公曰 良田萬頃 不如薄藝隨身
태 공 왈 양 전 만 경 불 여 박 예 수 신

【평설】 이 글은『안씨가훈』顔氏家訓과 『증광현문』增廣賢文에 나온다. 재물을 소유하는 것보다 재물을 소유할 수 있는 방법이 진정 삶에서 더 중요하다. 제아무리 많은 재물을 소유하고 있더라도 순식간에 사라져 버릴 수 있다. 하지만 지금 아무것도 소유한 것이 없을지라도 그 방법만 터득하고 있다면 언제든 재물은 소유할 수 있다.

『성리서』性理書에 말하였다.

"남과 교제하는 요체는 자신이 원치 않은 일을 남에게 하지 말고, 어떤 일을 행하고도 뜻대로 되지 않는 것이 있거든 자기 자신에게서 원인을 찾아보아야 한다."

性理書云 接物之要 己所不欲 勿施於人 行有不得 反求諸己
성 리 서 운 접 물 지 요 기 소 불 욕 물 시 어 인 행 유 부 득 반 구 저 기

【평설】 앞의 내용은 『논어』「안연」에 나오고 뒤의 내용은 『맹자』「이루 상」에 나온다. 자기가 싫어하는 일은 남에게 행하지 말고, 모든 일의 원인은 자신에게서 찾아야 한다. 남이 싫어하든 좋아하든 마구잡이로 행동을 하고, 일만 벌어지면 남과 세상을 탓을 한다면, 이런 사람은 더불어 논할 것이 없다.

35

술과 여색과 재물과 성깔, 네 담장 안에 수많은 현명한 사람과 어리석은 사람이 그 행랑에 들어 있네. 만일 세상 사람이 여기에서 뛰쳐나올 수 있다면 곧 신선이 되어 죽지 않는 방법을 터득한 사람이네.

酒色財氣四堵墻 多少賢愚在內廂 若有世人跳得出 便是神仙不死方
주 색 재 기 사 도 장 다 소 현 우 재 내 상 약 유 세 인 도 득 출 변 시 신 선 불 사 방

【평설】 이 글은 청淸 왕건장王建章과 유일명劉一明의 『수도오십관』修道五十關에 비슷한 구절이 나온다. 또, 조선의 유명한 문인 이용휴도 「조운거趙雲擧 군에게 주다」贈趙君雲擧라는 글에서 "이렇게 큰 지혜와 큰 재능을 가지고도 7척 몸뚱이에 부림을 당하여 술과 여색, 재물과 성깔 속에 빠져 있으니 어찌 크게 애석하지 않겠는가!"라고 했다.

어떤 사람도 술, 여색, 재물, 성깔 등의 문제에서 자유로울 수 없다. 어리석은 사람은 물론이거니와 현명한 사람도 예외는 없었다. 이 문제에서 벗어났다면 신선과 다름없는 경지라고 했으니 그만큼 쉽지 않은 일이다. 결국 인간은 이 네 가지 욕망에서 허우적대다가 죽는 존재일지도 모른다.

가르침을
세워라

1

공자가 말하였다.

"몸을 세움에는 의義가 있어야 하는데 효도가 그 근본이요, 상을 치르는 데에는 예禮가 있어야 하는데 슬퍼함이 그 근본이요, 전투에서 진을 칠 때에는 대열이 있어야 하는데 용맹이 그 근본이 된다. 정사를 다스리는 데에는 이치가 있어야 하는데 농사가 그 근본이요, 나라를 통치하는 데에는 도道가 있어야 하는데 후사後嗣가 그 근본이요, 재물을 생산하는 데에는 시기가 있어야 하는데 노력이 그 근본이 된다."

子曰 立身有義而孝爲本 喪祀有禮而哀爲本 戰陣有列而勇爲本
자 왈 입 신 유 의 이 효 위 본 상 사 유 례 이 애 위 본 전 진 유 열 이 용 위 본
治政有理而農爲本 居國有道而嗣爲本 生財有時而力爲本
치 정 유 리 이 농 위 본 거 국 유 도 이 사 위 본 생 재 유 시 이 력 위 본

【평설】 이 글은 『공자가어』에 나오는 것을 약간 다듬은 것이다. 어떤 일에 가장 근본이 되는 것은 무엇일까? 몸을 세움[立身]에는 효, 상을 치르는 일에는 슬픔, 싸움터에는 용맹, 정사政事에는 농사, 나라를 통치함에는 후사, 재물을 생산함에는 노력이 근본이 된다. 모든 일에 근본이 되는 것에 먼저 집중할 필요가 있다. 근본을 외면하고 말단 지엽적인 것에 매달려 있으면 아무 일도 이루어지지 않는다. 지금 근본에 힘을 쓰고 있는가? 말단에 힘을 쓰고 있는가?

『경행록』에 말하였다.

"정사政事를 하는 요체는 공정함과 청렴함이요, 집안을 일으키는 길은 검소함과 부지런함이다."

景行錄云 爲政之要 曰公與淸 成家之道 曰儉與勤
경 행 록 운 위 정 지 요 왈 공 여 청 성 가 지 도 왈 검 여 근

【평설】이 글은 이방헌李邦獻의 『성심잡언』省心雜言에 나온다. 집 밖의 일과 집 안의 일을 처리하는 원칙에 대한 말이다. 나랏일에서는 무엇보다 공정하고 청렴하게 일을 처리해야 하고 집안에서는 검소와 근면을 바탕으로 해야 한다. 누구에게나 해당하는 말이지만 공무원과 가장은 특히 새겨들어야 할 말이다.

3

➤

독서는 집안을 일으키는 근본이요, 이치를 따르는 것은 집을 보

존하는 근본이요, 부지런함과 검소함은 집을 다스리는 근본이요,

화목과 순종은 집안을 다스리는 근본이다.

讀書 起家之本 循理 保家之本 勤儉 治家之本 和順 齊家之本
독 서 기 가 지 본 순 리 보 가 지 본 근 검 치 가 지 본 화 순 제 가 지 본

【평설】 이 글은 주자의 「거가사본」居家四本인데, 다산 정약용의 「두 아이

에게 부치다」寄兩兒에도 나온다. 집안 생활을 학문, 삶의 자세, 경제, 가족

관계 등으로 나누어 설명했다. 여기에 필요한 덕목은 독서, 순리, 근검,

화순이었다. 짧지만 성가成家의 모든 문제가 담겨져 있다. 모든 것의 출

발점은 가족과 가정이다. 이것이 무너져 버리면 개인과 사회도 함께 위

태로워진다.

공자의 삼계도三計圖에서 말하였다.

"일생의 계획은 어릴 때에 세워야 하고, 일 년의 계획은 봄에 세워야 하며, 하루의 계획은 새벽에 세워야 한다. 어려서 배우지 않으면 늙어서 아는 것이 없고, 봄에 밭을 갈지 않으면 가을에 바랄 것이 없으며, 새벽에 일어나지 않으면 그날의 일을 처리하지 못한다."

孔子三計圖云 一生之計 在於幼 一年之計 在於春 一日之計 在於寅
공 자 삼 계 도 운 일 생 지 계 재 어 유 일 년 지 계 재 어 춘 일 일 지 계 재 어 인
幼而不學 老無所知 春若不耕 秋無所望 寅若不起 日無所辦
유 이 불 학 노 무 소 지 춘 약 불 경 추 무 소 망 인 약 불 기 일 무 소 판

【평설】 이 글은『증광현문』에 일부가 나온다. 계획 없이 사는 것은 무모한 일이다. 설계도 없이 집을 짓는 일이나 내비게이션 없이 모르는 길을 가는 것과 다름이 없다. 집을 짓다 보면 집이 저절로 완성되는 것도 아니고, 길을 마구잡이로 가다 보면 목적지가 나오는 것도 아니다. 그래서 어떤 일을 시작하기 전에 계획을 잘 세워야 한다. 인생으로 보자면 어릴 때, 계절로 보자면 봄, 시간으로 보자면 새벽이 각각 계획을 세울 가장 적절한 때가 된다. 누군가 말했다. "생각대로 살지 않으면 사는 대로 생각하게 된다."

5

『성리서』에 말하였다.

"다섯 가지 가르침의 조목은 아버지와 자식 사이에는 서로 친함이 있고, 임금과 신하 사이에는 의로움이 있으며, 남편과 아내 사이에는 인륜의 분별이 있으며, 어른과 아이 사이에는 차례가 있으며, 친구 사이에는 믿음이 있는 것이다."

性理書云 五敎之目 父子有親 君臣有義 夫婦有別 長幼有序
성 리 서 운 오 교 지 목 부 자 유 친 군 신 유 의 부 부 유 별 장 유 유 서
朋友有信
붕 우 유 신

【평설】 이 글은 우리에게 너무나 익숙한 오륜五倫을 말하고 있다. 인간관계는 대개 이 다섯 가지 유형으로 정리할 수 있겠다. 군신의 관계는 사라져 버렸으니, 현재에는 상급자와 하급자의 관계로 볼 수도 있다. 이러한 관계에서 지켜야 윤리 규범을 다섯 가지 덕목으로 정리했다. 결국 이것은 인륜人倫의 문제이니, 인간이라면 이 인륜을 지켜야 한다. 인륜에서 어긋나면 패륜悖倫이나 불륜不倫이 된다. 인륜에서 벗어난 행동을 하면 사회적인 지탄을 받는다. 한마디로 인간실격이 되는 셈이다. 홍상수의 영화 〈생활의 발견〉(2002)에 다음과 같은 말이 나온다. "우리 사람은 되기 힘들어도 괴물은 되지 맙시다."

6

삼강은 임금이 신하의 벼리가 되고, 아버지는 자식의 벼리가 되며, 남편은 아내의 벼리가 되는 것이다.

三綱 君爲臣綱 父爲子綱 夫爲婦綱
삼 강 군 위 신 강 부 위 자 강 부 위 부 강

【평설】 이 이야기는 주종主從의 관계를 말하는 것이 아니고, 여기에서는 본보기의 중요성을 말한 것이다. 관계에서 임금, 아버지, 남편은 그만큼 역할이 중요하다는 뜻이다. 임금은 좋은 지도자가 되어야 한다. 그래야 신하들이 자신의 실력을 십분 발휘할 수 있기 때문이다. 구성원의 능력은 리더의 자질을 뛰어넘기 어렵다. 아버지는 자식에게 롤모델이 되어야 한다. 자식은 아버지를 보고 그대로 배운다. 이상한 아이 뒤에는 이상한 아버지가 있는 경우가 많다. 남편은 아내에게 모범이 되어야 한다. 아내가 겪는 시집과의 불화不和는 남편의 책임인 경우가 많다. 본보기가 틀어지면 좌표座標가 어긋나는 것과 같다. 그래서 권한도 크지만 책임도 클 수밖에 없다.

왕촉王蠋이 말하였다.

"충신은 두 명의 임금을 섬기지 않고, 열녀는 두 명의 지아비를 모시지 않는다."

王蠋曰 忠臣 不事二君 烈女 不更二夫
왕 촉 왈 충 신 불 사 이 군 열 녀 불 경 이 부

【평설】 왕촉王蠋(?~BC 284)은 전국 시대 제齊나라 사람이다. 연燕나라 악의樂毅가 처음 제나라를 격파했을 때 그가 어질다는 소문을 들었다. 군대에 명령해 화읍 주변 30리를 포위하도록 해 들어가지 못하도록 하고, 예의를 갖춰 만호萬戶를 다스리게 하고는 연나라를 돕도록 청했다. 그러나 그는 끝내 사양하고 나가지 않았는데, 연나라 사람들이 위협하자 나무에 목을 매 죽었다. 왕촉의 이 말은 끝내 변절하지 않겠다는 다짐이었다. 충忠이나 열烈이나 요즘 세상에 시효를 다한 말이다. 그러나 한번 마음을 준 상대를 향한 변하지 않는 마음만은 기억할 필요가 있지 않을까?

충자忠子가 말하였다. "관직에서 업무를 처리할 때 공평만 한 것이 없고, 재물에 대한 태도는 청렴만 한 것이 없다."

忠子曰 治官莫若平 臨財莫若廉
충 자 왈 치 관 막 약 평 임 재 막 약 렴

【평설】이 글은『공자가어』에 나온다. 공평과 청렴은 공직자에게 요구되는 기본적인 덕목이다. 이와는 반대로 사정私情과 사리私利에 끌린다면 공직자의 사명을 잊은 것이라 할 수 있다.『채근담』에도 이와 비슷한 말이 나온다. "벼슬살이에는 두 마디 말이 있으니, 오직 공평하면 밝은 지혜가 생기고, 오직 청렴하면 위엄이 생긴다."居官, 有二語, 曰惟公則生明 惟廉則生威

9

장사숙張思叔의 좌우명에 말하였다.

"모든 말은 반드시 진실되고 미덥게 하고, 모든 행동은 반드시 독실히 하고 공경히 해야 한다. 마시고 먹을 때에는 반드시 조심하고 절제 있게 하고, 글자를 쓸 때에는 반드시 바르게 써야 한다. 용모는 반드시 단정하고 장엄하게 하고, 의관은 반드시 단정하게 해야 한다. 걸음걸이는 반드시 진중하게 하고, 거처는 반드시 바르고 고요하게 해야 한다. 일할 때에는 반드시 처음을 잘 도모하고, 말을 꺼낼 때에는 반드시 그 실행 여부를 생각해야 한다. 변함없는 덕德은 반드시 굳게 지니고, 승낙하는 것은 반드시 신중히 응해야 한다. 선한 일을 보거든 자신에게서 나간 것처럼 여기고, 악한 일을 보거든 자기의 병인 것처럼 여겨야 한다. 무릇 이 열네 가지는 모두 내가 아직 깊이 살피지 못한 것이어서, 이것을 자리의 귀퉁이에 써서 붙여 놓고 아침저녁으로 보면서 경계로 삼고자 한다."

張思叔座右銘曰 凡語 必忠信 凡行 必篤敬 飮食 必愼節 字畫 必楷正
장 사 숙 좌 우 명 왈 범 어 필 충 신 범 행 필 독 경 음 식 필 신 절 자 획 필 해 정

容貌 必端莊 衣冠 必肅整 步履 必安詳 居處 必正靜 作事 必謀始
용 모 필 단 장 의 관 필 숙 정 보 리 필 안 상 거 처 필 정 정 작 사 필 모 시

出言 必顧行 常德 必固持 然諾 必重應 見善如己出 見惡如己病
출 언 필 고 행 상 덕 필 고 지 연 락 필 중 응 견 선 여 기 출 견 악 여 기 병

凡此十四者 皆我未深省 書此當座隅 朝夕視爲警
범 차 십 사 자 개 아 미 심 성 서 차 당 좌 우 조 석 시 위 경

【평설】이 글은『소학』에 나온다. 장사숙張思叔은 정이程頤의 제자 장역張繹으로 사숙은 그의 자字이다. 말, 행동, 식습관, 글씨, 용모, 의관, 걸음걸이, 거처, 일에 임하는 자세, 말하는 자세, 덕성, 승낙 여부, 선행과 악행을 대하는 삶의 태도 등 14가지를 들었다. 지금도 다 필요한 덕목이어서 하나하나 되새겨 볼 만하다.

「고린도전서」10장에 "그러므로 서 있다고 생각하는 사람은 넘어지지 않도록 조심하십시오"라고 나온다. 행동과 태도를 항상 조심하고 경계하며 살아야 한다. 자신의 삶은 항상 철저하게 점검할 필요가 있다. 남들은 나한테 관대하지 않으니 남한테 책잡힐 일은 결코 하지 않아야 한다.

10

범익겸范益謙의 좌우명座右銘에 말하였다.

"첫째, 조정의 이해나 변방에서 알려 온 사항 및 관원의 임명을 말하지 말 것. 둘째, 주현州縣 관원의 장단점과 잘잘못을 말하지 말 것. 셋째, 사람들이 저지른 과실이나 악한 일을 말하지 말 것. 넷째, 관직에 나가는 것이나 시류에 편승해 권세에 아부하는 일을 말하지 말 것. 다섯째, 재물과 이익의 많고 적음이나 가난을 싫어하고 부를 구하는 일을 말하지 말 것. 여섯째, 음란하거나 외설적인 말, 농담이나 오만한 말, 여색에 대해서 평가하는 말을 하지 말 것. 일곱째, 남의 물건을 요구하거나 술과 음식을 구하는 일을 말하지 말 것.

그리고 다시 말했다. 첫째, 다른 사람이 서신을 부탁하면 뜯어 보거나 지체시키지 않을 것. 둘째, 남과 함께 앉아 있을 때는 남의 사적인 글을 엿보지 않을 것. 셋째, 남의 집에 들어갔을 때 남의 글을 보지 않을 것. 넷째, 남의 물건을 빌렸을 때 훼손하거나 돌려주지 않는 일이 없을 것. 다섯째, 무릇 음식을 먹을 때에 가려서 버리거나 취하지 않을 것. 여섯째, 남과 함께 있을 때에 제멋대로 편리함만을 고르지 않을 것. 일곱째, 남의 부귀함을 보고서 부러워하거나 헐뜯지 않을 것.

무릇 이 몇 가지 일에 대해서 범하는 일이 있으면 그 마음 씀의 어질지 않음을 볼 수 있으니, 마음을 보존하고 몸을 닦음에 크게 해로운 것이 있다. 이 때문에 이 글을 써서 스스로 경계로 삼는다."

范益謙座右銘曰 一不言朝廷利害邊報差除 二不言州縣官員長短得失
범익겸좌우명왈일불언조정리해변보차제이불언주현관원장단득실

三不言衆人所作過惡之事 四不言仕進官職趨時附勢
삼불언중인소작과악지사사불언사진관직추시부세

五不言財利多少厭貧求富 六不言淫媒戲慢評論女色
오불언재리다소염빈구부육불언음설희만평론여색

七不言求覓人物干索酒食
칠불언구멱인물간색주식

又人附書信 不可開坼沈滯 與人並坐 不可窺人私書 凡入人家
우인부서신불가개탁침체여인병좌불가규인사서범입인가

不可看人文字 凡借人物 不可損壞不還 凡喫飲食 不可揀擇去取
불가간인문자범차인물불가손괴불환범끽음식불가간택거취

與人同處 不可自擇便利 凡人富貴 不可歎羨詆毀 凡此數事 有犯之者
여인동처불가자택편리범인부귀불가탄선저훼범차수사유범지자

足以見用意之不肖 於存心修身 大有所害 因書以自警
족이견용의지불초어존심수신대유소해인서이자경

【평설】 이 글은 『소학』에 보인다. 범익겸范益謙은 송宋나라 범조우范祖禹(1041~1098)의 아들인 범충范沖(1067~1141)으로, 익겸은 자字이다. 사람들이 하지 않아야 하거나 피해야 하는 행동을 모두 14항목을 들어서 설명했다. 앞서 제시한 항목은 관원으로서 말하지 않아야 할 일을, 뒤에 제시한 항목은 남을 대하는 데 하지 않아야 할 일을 각각 정리해 두었다. 읽어 보면 이해할 수 있는 내용이어서 항목마다 따로 설명을 하지 않는다.

11

무왕武王이 태공太公에게 다음과 같이 물었다.

"사람이 세상에 사는데 어찌하여 귀천과 빈부가 같지 않을 수 있습니까? 원컨대 그 이유를 듣고서 이 점을 알고자 합니다."

태공이 말하였다.

"부귀는 성인의 덕과 같아서 다 천명에서 말미암지만 부자는 재물을 쓰는 것이 절도가 있고 부유하지 못한 자는 집안에 열 가지 도둑이 있습니다."

武王 問太公曰 人居世上 何得貴賤貧富不等 願聞說之 欲知是矣
무 왕 문 태 공 왈 인 거 세 상 하 득 귀 천 빈 부 부 등 원 문 설 지 욕 지 시 의

太公曰 富貴 如聖人之德 皆由天命 富者 用之有節 不富者 家有十盜
태 공 왈 부 귀 여 성 인 지 덕 개 유 천 명 부 자 용 지 유 절 불 부 자 가 유 십 도

【평설】 평등은 사실 가공의 개념이다. 인간은 태어나는 순간부터 불평등하다. 부모의 사회적 위치, 외모, 기질 등 애초부터 타고나지 않는 것이 없다. 부귀도 이와 마찬가지이니, 다 타고나는 것이다. 이것은 어쩔 수 없는 문제이니 논외로 한다. 그런데 후천적인 문제로 부자와 빈자가 나눠지는 것은 자신에게 기인하는 경우가 많다. 부자는 재물을 아껴서 사용하지만 가난한 자는 집안에 재물을 좀먹는 여러 가지 원인이 숨어 있기 마련이다.

12

무왕이 말하였다.

"무엇을 열 가지 도둑이라고 합니까?"

태공이 대답하였다.

"때가 되어 곡식이 무르익었는데도 수확하지 않는 것이 첫번째 도둑이요, 수확한 곡식을 쌓아 두는 일을 마치지 않는 것이 두번째 도둑이요, 아무 일도 하지 않으면서 등불을 켜 놓은 채 잠자는 것이 세번째 도둑이요, 게을러 터져서 밭 갈지 않는 것이 네번째 도둑이요, 일하는 데 공력을 쏟지 않는 것이 다섯번째 도둑이요, 오로지 남에게 해코지만 일삼는 것이 여섯번째 도둑이요, 딸을 너무 많이 낳아 기르는 것이 일곱번째의 도둑이요, 낮잠을 자거나 아침에 게을리 일어나는 것이 여덟번째의 도둑이요, 술과 향락을 탐하는 것이 아홉번째 도둑이요, 심하게 질투하는 것이 열번째 도둑입니다."

武王曰 何謂十盜 太公曰 時熟不收爲一盜 收積不了爲二盜
무 왕 왈 하 위 십 도 태 공 왈 시 숙 불 수 위 일 도 수 적 불 료 위 이 도

無事燃燈寢睡爲三盜 慵懶不耕爲四盜 不施功力爲五盜
무 사 연 등 침 수 위 삼 도 용 라 불 경 위 사 도 불 시 공 력 위 오 도

專行巧害爲六盜 養女太多爲七盜 晝眠懶起爲八盜 貪酒嗜慾爲九盜
전 행 교 해 위 육 도 양 녀 태 다 위 칠 도 주 면 나 기 위 팔 도 탐 주 기 욕 위 구 도

强行嫉妬爲十盜
강 행 질 투 위 십 도

【평설】 앞서 이야기한 열 가지 도둑에 대한 풀이이다. 주면나기晝眠懶起는 두 가지 해석이 다 가능하다. 낮잠을 자는 것과 아침에 게을리 일어나는 것 등 두 가지 행위로 볼 수도 있고, 낮잠을 자고서 게을리 일어나는 것의 한 가지 행위로도 볼 수가 있다. 다른 항목은 다 이해가 되나, 일곱 번째 도둑으로 지목한, 딸을 많이 낳아 기르는 것에 대한 언급은 요즘 세상에 맞지 않는 말이니 무시해도 좋다.

무왕이 말하였다.

"집에 열 가지 도둑이 없는데도 부유하지 못한 것은 무슨 이유 때문입니까?"

태공이 대답하였다.

"그런 사람의 집에는 반드시 세 가지 소모되는 것이 있습니다."

무왕이 말하였다.

"무엇이 세 가지 소모입니까?"

태공이 대답하였다.

"창고가 새거나 넘치는데도 덮지 않아 쥐와 새들이 마구 먹어 대는 것이 첫번째의 소모요, 수확과 파종에 때를 놓치는 것이 두번째의 소모요, 곡식을 흩뿌려서 더럽고 천하게 다루는 것이 세번째의 소모입니다."

武王曰 家無十盜而不富者 何如 太公曰 人家 必有三耗 武王曰
무 왕 왈 가 무 십 도 이 불 부 자 하 여 태 공 왈 인 가 필 유 삼 모 무 왕 왈

何名三耗 太公曰 倉庫漏濫不蓋 鼠雀亂食 爲一耗 收種失時 爲二耗
하 명 삼 모 태 공 왈 창 고 루 람 불 개 서 작 란 식 위 일 모 수 종 실 시 위 이 모

抛撒米穀穢賤 爲三耗
포 살 미 곡 예 천 위 삼 모

【평설】 앞에서는 열 가지 도둑을 살펴보았고, 그 다음으로 세 가지 소모되는 것을 언급했다. 이 세 가지는 다 곡식과 관련이 있다. 첫째는 수확

한 곡식을 함부로 간수하는 것, 둘째는 수확과 파종을 제때에 하지 않는 것. 셋째는 곡식을 함부로 취급하는 것 등이다. 허술한 관리와 게으른 생산활동을 세 가지 소모되는 것의 주범으로 들었다.

무왕이 물었다.

"집에 세 가지 소모되는 것이 없는데도 부유하지 못한 것은 무슨 이유 때문입니까?"

태공이 대답하였다.

"그런 사람의 집에는 틀림없이 첫째 그릇됨이 있고, 둘째 잘못됨이 있고, 셋째 어리석음이 있고, 넷째 실수가 있고, 다섯번째 거스름이 있고, 여섯번째 상서롭지 못함이 있고, 일곱번째 노예의 짓이 있고, 여덟번째 천박함이 있고, 아홉번째 어리석음이 있고, 열번째 뻔뻔함이 있어서 그 화를 자초하는 것이지, 하늘이 재앙을 내리는 것이 아닙니다."

武王曰 家無三耗而不富者 何如 太公曰 人家 必有一錯二誤三痴四失
무 왕 왈 가 무 삼 모 이 불 부 자 하 여 태 공 왈 인 가 필 유 일 착 이 오 삼 치 사 실

五逆六不祥七奴八賤九愚十强 自招其禍 非天降殃
오 역 육 불 상 칠 노 팔 천 구 우 십 강 자 초 기 화 비 천 강 앙

【평설】 앞서 열 가지 도둑, 세 가지 소모를 다루고 이번에는 열 가지 요인을 들었다. 이 열 가지 요인에 대해서는 다음 항목에서 하나하나 자세히 다루고 있다. 본인 스스로가 열 가지 일을 저질러서 화를 자초하는 것이지 하늘이 무턱대고 재앙을 내린 것이 아니라고 했다. 원망의 주체는 하늘이 아니라 자신이라는 사실을 분명히 한 셈이다.

무왕이 말하였다.

"다 듣기를 원합니다."

태공이 대답하였다.

"아들을 기르면서 가르치지 않는 것이 첫번째의 잘못이요, 어린 아이를 훈계하지 않는 것이 두번째의 잘못됨이요, 처음 새 며느리를 맞아들여 엄한 훈계를 하지 않는 것이 세번째의 어리석음이요, 말하기도 전에 웃음을 터뜨리는 것이 네번째의 실수요, 부모를 봉양하지 않는 것이 다섯번째의 거스름이요, 밤에 벌거벗은 몸으로 일어나는 것이 여섯번째 상서롭지 못함이요, 남의 활을 당기기를 좋아하는 것이 일곱번째 노예의 짓이요, 남의 말 타기를 좋아하는 것이 여덟번째 천박함이요, 남의 술을 마시면서도 다른 사람에게 권하는 것이 아홉번째 어리석음이요, 남의 밥을 먹으면서도 다른 사람에게 먹으라고 권하는 것이 열번째의 뻔뻔함입니다."

무왕이 말하였다.

"매우 아름답고 진실하도다, 이 말씀이여!"

武王曰 願悉聞之 太公曰 養男不教訓 爲一錯 嬰孩不訓 爲二誤
무 왕 왈 원 실 문 지 태 공 왈 양 남 불 교 훈 위 일 착 영 해 불 훈 위 이 오

初迎新婦不行嚴訓 爲三痴 未語先笑 爲四失 不養父母 爲五逆
초 영 신 부 불 행 엄 훈 위 삼 치 미 어 선 소 위 사 실 불 양 부 모 위 오 역

夜起赤身 爲六不祥 好挽他弓 爲七奴 愛騎他馬 爲八賤 喫他酒勸他人
야 기 적 신 위 육 불 상 호 만 타 궁 위 칠 노 애 기 타 마 위 팔 천 끽 타 주 권 타 인

爲九愚 喫他飯命朋友 爲十强 武王曰 甚美誠哉 是言也
위 구 우 끽 타 반 명 붕 우 위 십 강 무 왕 왈 심 미 성 재 시 언 야

【평설】 부유하지 못한 10가지 요인은 정리해 보면 다음과 같다. 자식과
며느리 교육, 경박한 태도, 불효, 방종한 생활, 남의 물건을 함부로 다루
는 것, 남에 대한 경솔한 태도 등이다. 10가지가 일관성이 있지는 않다.
이것은 크게 가족, 자신, 남과의 관계 세 가지로 나눌 수 있다. 가족에게
교육과 봉양을 다하고, 자신에게는 엄격한 태도를 가질 것이며 남들에게
는 경우 없는 짓을 하지 말아야 한다.

14부.
치정편 治政篇

정사를
다스리는 법

1

명도明道 선생이 말하였다.

"처음으로 벼슬한 말단 관리라도 진실로 만물을 사랑하는 데 마음을 쓴다면 사람들에게 반드시 이로움을 줄 것이다."

明道先生曰 一命之士 苟有存心於愛物 於人 必有所濟
명 도 선 생 왈 일 명 지 사 구 유 존 심 어 애 물 어 인 필 유 소 제

【평설】 이 글은 『소학』에 나오는데 정호程顥의 말이다. 처음 부임한 말단 관리는 만물을 사랑하는 마음을 가지고 있더라도, 부임한 당시에 바로 백성들에게 선한 영향력을 끼치기는 쉽지 않을지도 모른다. 하지만 그러한 마음을 간직하고 있다면 머지않은 시일에 반드시 백성들에게 큰 이로움을 줄 수 있는 날이 오게 될 것이다. 여기에서는 만물을 진정으로 아끼고 사랑하는 마음은 자연스럽게 백성들에 대한 마음으로 전이될 수 있음을 말했다.

2

송태종宋太宗의 어제御製에 말하였다. "위에는 지시하는 사람이 있고, 중간에는 다스리는 사람이 있으며, 아래에는 따르는 사람이 있다. 예물로 받은 비단으로 옷을 지어 입고 곳간에 있는 곡식으로 먹을 것을 삼으니, 너희들 받는 봉록은 백성들의 고혈이다. 백성들에게 모질게 하기는 쉽지만, 하늘은 속이기 어렵다."

宋太宗御製云 上有麾之 中有乘之 下有附之 幣帛衣之 倉廩食之
송 태 종 어 제 운 상 유 휘 지 중 유 승 지 하 유 부 지 폐 백 의 지 창 름 식 지

爾俸爾祿 民膏民脂 下民易虐 上天難欺
이 봉 이 록 민 고 민 지 하 민 이 학 상 천 난 기

【평설】 이 글은 원래 맹창孟昶이 지은 것이다. 후에 송태종이 관리들을 경계하기 위해 지방 관서에 계석戒石을 세울 때에 "이봉이록爾俸爾祿 민고민지民膏民脂 하민이학下民易虐 상천난기上天難欺"라는 16자로 줄여서 새겼다고 한다. 능력에 따라 윗자리와 아랫자리로 나뉘기는 한다. 이렇게 나눈 것은 능력 있는 사람이 능력 없는 사람을 위해 봉사하라는 의미에서다. 자칫 잘못 생각하여 우생학적인 우열의 차이에 따라 자리가 나뉜다고 생각한다면 그 사람은 공복이 될 자질이 없다. 백성들의 아픔에 깊이 공감하고 그들의 아픔을 경감하는 데 주안을 두어야지, 백성들의 고혈로 개인의 호사를 누리려 하면 안 된다. 힘없는 백성이라 함부로 다루려 하다가는 반드시 하늘이 벌을 줄 때가 있을 것이다.

3

『동몽훈』童蒙訓에 말하였다.

"관리 된 자가 지켜야 할 법이 오직 세 가지가 있으니 '청렴', '신중', '근면'이다. 이 세 가지를 알면 처신을 어떻게 해야 할지를 알게 될 것이다."

童蒙訓曰 當官之法 唯有三事 曰淸 曰愼 曰勤 知此三者
동 몽 훈 왈 당 관 지 법 유 유 삼 사 왈 청 왈 신 왈 근 지 차 삼 자
則知所以持身矣
즉 지 소 이 지 신 의

【평설】 이 글은 『소학』에 나온다. 원래 이 말은 여조겸呂祖謙의 문집인 『동래집』東萊集 별집別集 권6 「사인관잠」舍人官箴에 보인다. 「사인관잠」은 여조겸의 종조부 여본중呂本中의 말을 여조겸이 전술한 글이다.

관리에게 정말로 필요한 덕목이 무엇일까? 여기에서는 청렴과 신중과 근면을 들었다. 익히 들어 별것 아닌 것 같지만 정작 실천하기는 어렵다. 그래서 그런지 이런 자질을 갖춘 훌륭한 관리를 보는 일은 예나 지금이나 드문 일이었다.

4

관리 된 자는 반드시 격노하는 것을 경계로 삼아야 한다. 일에 옳지 않은 경우에 자상히 처리하면 반드시 맞지 않음이 없게 된다. 하지만 만약 격노를 먼저 하면 다만 스스로를 해칠 뿐이지 어찌 남을 해칠 수 있겠는가?

當官者 必以暴怒爲戒 事有不可 當詳處之 必無不中 若先暴怒
당 관 자 필 이 폭 로 위 계 사 유 불 가 당 상 처 지 필 무 부 중 약 선 폭 로

只能自害 豈能害人
지 능 자 해 기 능 해 인

【평설】 이 글은 『소학』에 나온다. 남에게 화를 낸다는 행위 자체가 비정상적인 것이다. 리더가 화를 내는 일이 주위를 환기시키는 효과가 간혹 있을지는 몰라도, 오래 하거나 자주 할 만한 처방은 아니다. 화를 내면 스스로의 평정심을 무너뜨리고 남의 기분과 의욕을 떨어뜨린다. 그러니 분위기만 망치고 일의 진전은 이룰 수 없는 셈이다. 결국 화를 낸다고 달라질 것은 아무것도 없다. 자신의 감정도 다루지 못하는 사람이 어떻게 아랫사람을 다룰 수 있겠는가?

5

임금 섬기기를 어버이 섬기듯 하고, 상관 섬기기를 형 섬기듯 하며, 동료와 어울리는 것을 집안사람과 같이 하며, 관리들 대우하기를 자기 집 노복같이 하고, 백성을 사랑하기를 처자식같이 하며, 관청의 일을 처리하기를 내 집안일처럼 한 뒤에야 내 마음을 다했다고 할 수가 있다. 만약 조금이라도 미진한 점이 있으면 모두 내 마음을 다하지 않은 바가 있는 것이다.

事君 如事親 事官長 如事兄 與同僚 如家人 待群吏 如奴僕
사 군 여 사 친 사 관 장 여 사 형 여 동 료 여 가 인 대 군 리 여 노 복

愛百姓 如妻子 處官事 如家事然後 能盡吾之心 如有毫末不至 皆吾心
애 백 성 여 처 자 처 관 사 여 가 사 연 후 능 진 오 지 심 여 유 호 말 부 지 개 오 심

有所未盡也
유 소 미 진 야

【평설】 이 글은 『소학』에 나온다. 관리의 마음가짐에 대해서 언급했다. 관리는 임금과 백성을 가족처럼 여기고 공무를 집안일처럼 처리해야 된다. 공적인 일과 관계를 사적인 일과 관계처럼 처리하라는 당부다. 물론 이것은 사실 불가능한 일에 가깝다. 하지만 그런 마음으로 관리 노릇을 한다면 공사公私를 대하는 마음이 똑같지는 않겠지만 그 간격을 최대한 좁힐 수 있다. 여기서 오해가 있을 수 있는 말이 하나 있다. 관리들을 대하기를 자기 집 노복처럼 하라는 말은 함부로 대하라는 말이 아니라, 살갑게 대하라는 말이다.

6

어떤 사람이 물었다.

"주부主簿는 현령縣令을 보좌하는 자입니다. 주부가 하고자 하는 것이 있는데 현령이 혹시 따라 주지 않으면 어떻게 해야 합니까?"

이천伊川 선생이 대답하였다.

"마땅히 정성스러운 뜻을 가지고 그를 감동시켜야 할 것이다. 이 제 현령과 주부가 불화하는 것은 곧 사사로운 생각을 다투기 때문이다. 현령은 고을의 우두머리이니 만약 주부가 부형父兄을 섬기는 도리로 섬겨서, 잘못한 것은 제 탓으로 돌리고 잘한 것은 오 직 현령에게로 돌아가지 않을까 두려워해서, 이렇게 정성스러운 뜻을 쌓아 나간다면 어찌 남을 감동시키지 못할 리가 있겠는가?"

或問 簿 佐令者也 簿所欲爲 令或不從奈何 伊川先生曰 當以誠意動之
혹 문 부 좌 령 자 야 부 소 욕 위 령 혹 부 종 내 하 이 천 선 생 왈 당 이 성 의 동 지
今令與簿不和 便是爭私意 令是邑之長 若能以事父兄之道 事之
금 령 여 부 불 화 변 시 쟁 사 의 영 시 읍 지 장 약 능 이 사 부 형 지 도 사 지
過則歸己 善則唯恐不歸於令 積此誠意 豈有不動得人
과 즉 귀 기 선 즉 유 공 불 귀 어 령 적 차 성 의 기 유 부 동 득 인

【평설】 이 글은『소학』과『근사록』에 나온다. 아랫사람과 윗사람과의 관계를 말했다. 아랫사람이 좋은 취지로 일을 추진하려고 할 때에 윗사람이 들어주지 않으면 어떻게 해야 할까? 우리가 흔히 사회생활에서 겪을 수 있는 일이다. 이럴 때 선택할 수 있는 경우의 수는 몇 가지가 있을 수

있다. 첫째 윗사람과 계속해서 반목한다. 둘째 아랫사람들을 규합해서 윗사람을 압박한다. 셋째 윗사람의 지시만 소극적으로 따른다. 이 중에 그 어떤 것도 좋은 답이 될 수는 없다. 이런 행동은 나만 옳고 상대방은 그르다는 생각에서 나온다. 이럴 때 자신의 마음을 비우고 진심으로 상대방 마음을 감동시켜야 한다. 이 방법이 더디고 괴롭지만 최선의 길이다. 남을 감동시켜야만 일이나 관계에서 진정한 변화가 일어날 수 있다.

유안례劉安禮가 백성을 대하는 도리를 묻자, 명도明道 선생이 말하였다. "백성들 각자가 그들의 실정을 위에 전할 수 있도록 하는 것이다."

관리를 거느리는 도리를 묻자, 대답하였다.

"자기를 바르게 함으로써 남을 바르게 되도록 하는 것이다."

劉安禮問臨民 明道先生曰 使民 各得輸其情 問御吏 曰 正己以格物
유 안 례 문 임 민 명 도 선 생 왈 사 민 각 득 수 기 정 문 어 리 왈 정 기 이 격 물

【평설】 유립지劉立之의 자가 안례安禮이니 정자程子의 문인이다. 이 글은 『소학』과 『근사록』에 나온다. 여기서 백성과 관리를 대하는 태도에 대해서 말했다. 백성들은 나름의 속사정을 주저 없이 전달할 수 있게 만들어주고, 관리들은 남에게 솔선수범하게 해야 한다.

『포박자』抱朴子에 말하였다.

"도끼를 맞더라도 바르게 간언을 하며, 솥에 삶겨지더라도 할 말을 다하면 이것을 충신이라 한다."

抱朴子曰 迎斧鉞而正諫 據鼎鑊而盡言 此謂忠臣也
포 박 자 왈 영 부 월 이 정 간 거 정 확 이 진 언 차 위 충 신 야

【평설】 이 글은 『포박자』에 나온다. 충신이란 어떤 불이익이 있더라도 바른 말을 하는 사람이다. 심지어는 이런 행동 때문에 목숨을 잃을 수도 있었다. 간신은 군주의 판단력을 어지럽혔고 충신은 군주의 판단력을 바로잡았다.

15부.
치가편 治家篇

집안을
다스리는 법

1

사마온공司馬溫公이 말하였다. "모든 항렬이 낮거나 나이 어린 사람들은 일의 크고 작음에 상관없이 제멋대로 행동하지 말고 반드시 가장家長에게 여쭈어야 한다."

司馬溫公曰 凡諸卑幼 事無大小 毋得專行 必咨稟於家長
사 마 온 공 왈 범 제 비 유 사 무 대 소 무 득 전 행 필 자 품 어 가 장

【평설】 이 글은 『소학』 「가언」嘉言과 『사마씨서의』司馬氏書儀 권4 「혼의 하婚儀下 거가잡의居家雜儀」에 보인다. '사마온공'은 북송北宋의 재상 사마광司馬光(1019~1086)으로, 사후에 온국공溫國公에 봉해졌기 때문에 이렇게 부른 것이다.

어린 사람들은 어떤 일을 판단할 때 가장에게 물어서 결정해야 한다. 그러면 경험이 풍부한 어른이 경험이 적은 아이들이 저지를 수 있는 실수를 줄여 줄 수 있다. 예전에는 너무 어른의 말에 의존했고 지금은 너무 어른의 말을 무시한다.

2

손님 대접에는 넉넉하게 하지 않을 수 없고, 집안을 다스림에는
검소하게 하지 않을 수 없다.

待客 不得不豊 治家 不得不儉
대 객 부 득 불 풍 치 가 부 득 불 검

【평설】 남에게는 아낌없이 하고, 자신에게는 아껴라. 부모가 남을 잘 대
해 주는 것을 보여 주는 것처럼 좋은 교육도 없다. 부모가 남에게 인색하
게 하는 것을 보고 자란 아이가 남들을 어떻게 대접할지는 짐작하기 어
렵지 않다. 부모는 자식에게 남에게 베푸는 것을 보여 주고 가르쳐야 한
다.

3

태공이 말하였다.

"어리석은 사람은 아내를 두려워하고, 어진 여자는 남편을 공경
한다."

太公曰 痴人 畏婦 賢女 敬夫
태 공 왈 치 인 외 부 현 녀 경 부

【평설】 이 글은『증광현문』과『금병매사화』에 나온다. 어리석은 사람은
아내에게 꼼짝 못하고 현명한 아내는 남편을 공경하는 태도로 대한다.
사나운 아내가 있으면 남편이 아내에게 휘둘려 부모 형제와 친인척과의
사이가 다 멀어진다. 현명한 여자는 남편을 잘 대접해서 가정의 평안을
도모한다. 지금 세상에는 딱 들어맞는 말이 아니다. 요즘은 똑똑한 남편
이 아내를 두려워하고, 좋은 부부가 서로 공경한다.

4

무릇 하인을 부릴 때에는 먼저 그들의 배고픔과 추위를 생각하라.

凡使奴僕 先念飢寒
범 사 노 복 선 념 기 한

【평설】 아랫사람을 대하는 태도가 그 사람의 인격을 증명한다. 윗사람에게는 누구나 잘하니, 이것만을 보고 좋은 사람인지 여부를 확인하기 힘들다. 그러나 그 사람이 아랫사람을 대하는 태도를 보면 그 사람이 어떤 사람인지 확실히 알 수가 있다.

옛사람의 글을 보면 하인과 관련된 것들이 많다. 그만큼 하인을 부리기가 만만치 않았던 것을 말해 준다. 무조건 가혹하게 부리는 방식을 지양하고, 기본적인 의식衣食은 꼭 베풀 것을 강조했으니 모든 불만이 싹트는 근본 원인이 될 수 있기 때문이다.

5

자식이 효도하면 부모가 즐겁고, 집안이 화목하면 모든 일이 이루어진다.

子孝雙親樂 家和萬事成
자 효 쌍 친 락 가 화 만 사 성

【평설】 가정에서는 효도와 화목이 가장 중요한 덕목이다. 자신의 부모에게는 효도하고 자신의 집안은 화목하게 해야 한다.

6

언제나 불이 나는 것을 막고, 밤마다 도적이 오는 것을 방비하라.

時時防火發 夜夜備賊來
시 시 방 화 발 야 야 비 적 래

【평설】 불이나 도적이나 예측 불가능한 일이고 일어나기도 어려운 일이다. 예측 불가능한 일과 일어나기 어려운 일을 대비하면 자연스레 예측 가능한 일과 일어나기 쉬운 일도 대비할 수 있다. 중년이 되면 이 세상에 벌어지지 않을 일은 없다는 것을 알게 된다. 그래서 예측할 수 있는 일 뿐 아니라 예측할 수 없는 일도 경우의 수에 넣는다. 그렇게 혹시나 일어날 수 있는 일들을 미리 선제적으로 대처하여 막게 된다.

『경행록』에 말하였다.

"아침과 저녁이 이른지 늦은지를 살펴보면 그 집안이 흥할지 망

할지를 점칠 수 있다."

景行錄云 觀朝夕之早晏 可以卜人家之興替
경 행 록 운 관 조 석 지 조 안 가 이 복 인 가 지 흥 체

【평설】 기상과 취침 시간을 살펴보면 대개 그 집안의 흥망을 점칠 수 있

다. 게으른 집안은 망하기 마련이고, 부지런한 집안은 흥하기 마련이다.

문중자文中子가 말하였다.

"혼인할 때에 재물을 따지는 것은 오랑캐의 도이다."

文中子曰 婚娶而論財 夷虜之道也
문 중 자 왈 혼 취 이 론 재 이 로 지 도 야

【평설】이 글은『소학』권5「가언」에 나온다. 문중자는 수隋나라 때의 학자 왕통王通이다. 위의 글 뒤에 바로 이어서 "군자는 그러한 마을에는 들어가지 않는다. 옛날 남자와 여자라는 족속은 각각 덕에 따라 배필을 정하였고 재물로 예를 삼지 않았다"라고 나온다. 남녀가 혼인할 때 따져야 하는 것은 상대의 성품과 행실이지, 상대의 지참금이나 혼수가 되어서는 곤란하다. 옛사람들은 혼인할 때 재물을 따지는 것은 시장 바닥에서 물건을 거래하는 것과 다름없다고 했다. 이런 천박한 풍속은 아직도 우리 사회에서 찾아볼 수 있다. 부모의 거래로 맺어진 부부가 얼마나 상대에게 소중하고 애틋한 감정을 갖겠는가. 부모가 자식을 위해 나선 일이 결국 자식의 앞날에 재를 뿌리는 일이 된다. 배우자란 현재를 보고 투자하는 것이 아니라, 미래를 보고 투자해야 한다.

16부.
안의편 安義篇

의리를
편안히
여겨라

1

> ✿

『안씨가훈』에 말하였다.

"무릇 백성이 있은 뒤에 부부가 있게 된 것이며, 부부가 있은 뒤에 부자가 있게 된 것이고, 부자가 있은 뒤에 형제가 있게 된 것이다. 한 집의 친한 관계는 이 세 가지뿐이다. 이로부터 나아가 구족九族에 이르기까지 모두 이 삼친三親(부부·부자·형제)에 근본을 두고 있다. 그러므로 인륜에 있어서 가장 중요한 것이니 돈독하게 하지 않을 수 없다."

顏氏家訓曰 夫有人民而後 有夫婦 有夫婦而後 有父子 有父子而後
안 씨 가 훈 왈 부 유 인 민 이 후 유 부 부 유 부 부 이 후 유 부 자 유 부 자 이 후

有兄弟 一家之親 此三者而已矣 自玆以往 至于九族 皆本於三親焉
유 형 제 일 가 지 친 차 삼 자 이 이 의 자 자 이 왕 지 우 구 족 개 본 어 삼 친 언

故 於人倫 爲重也 不可不篤
고 어 인 륜 위 중 야 불 가 부 독

【평설】 인간은 다양한 인간관계를 맺고 살아간다. 가장 핵심이 되는 관계는 무엇일까? 바로 부부, 부자, 형제이다. 이 중에서도 가장 중요한 것은 다름 아닌 부부다. 『중용』제12장에 "군자의 도는 부부에서 단서가 시작된다"라고 하였으니, 모든 관계의 출발선을 부부로 보았다.

가장 기본이 되는 부부, 부자, 형제의 관계는 소중하게 지켜야 한다. 현대에 와서는 친구와의 관계에 대해 지나치게 높은 가치를 두고 시간을 많이 할애한다. 그러나 친구는 서로 대등할 때 존재할 수 있는 관계다.

어느 한 편이 경제적으로나 정신적으로 너무 기울면 그 관계는 오래가기 힘들다. 가족과 친구 어느 쪽에 너무 무게 중심을 두기보다, 현명하게 그 관계를 양립하는 것이 가장 훌륭한 방법이다.

2

장자가 말하였다.

"형제는 손발이 되고 부부는 의복이 되니, 의복이 떨어지면 새 것
으로 갈아입을 수 있지만, 손발이 잘리면 잇기가 어렵다."

莊子曰 兄弟 爲手足 夫婦 爲衣服 衣服破時 更得新 手足斷處 難可續
장 자 왈 형 제 위 수 족 부 부 위 의 복 의 복 파 시 갱 득 신 수 족 단 처 난 가 속

【평설】 이 글은 『장자』에 나오지 않고 『삼국지연의』 제14회에 보인다. 장
비의 불찰로 여포에게 공격당하고 곤란한 상황이 되었다. 이때 장비가
칼을 뽑아 자기 목을 치려고 하자, 유비가 만류하면서 말했다. "형제는
손발과 같고 아내는 의복과 같은 것이다. 의복이 해지면 꿰맬 수나 있지
만 손발이 잘리면 무엇으로 이을 수가 있겠는가?"

이 말은 자칫 잘못 생각하면 부부는 다시 대체할 수 있는 것으로, 형제 사
이에 비해 별것도 아니라고 해석하기 쉽다. 사실은 부부의 정에 흠뻑 빠
져 형제를 멀리하지 말라는 당부로 보는 것이 타당하다.

3

소동파가 말하였다.

"부유하다고 해서 가까이하지 않고 가난하다고 해서 멀리하지 않는 것, 이것이야말로 사람 중에서 대장부로다. 부유하면 달려가 붙고 가난하면 멀리하는 것, 이것이야말로 사람 중에 진짜 소인배小人輩이다."

蘇東坡云 富不親兮貧不疎 此是人間大丈夫 富則進兮貧則退
소 동 파 운 부 불 친 혜 빈 불 소 차 시 인 간 대 장 부 부 즉 진 혜 빈 즉 퇴

此是人間眞小輩
차 시 인 간 진 소 배

【평설】 이 글은 소동파의 시문에는 나오지 않는다. 상대의 부귀와 빈천을 따져 사귐을 결정해서는 안 된다. 사귐의 여부는 상대의 신분이나 처지가 아니라 품성이나 인격이 기준이 되어야 한다. 이와 반대로 하는 것은 상대방에게 현실적인 이익을 보겠다는 천박한 심리에서다.

17부.
준례편 遵禮篇

예를
따르라

1

공자가 말하였다.

"한 집안에 예禮가 있기 때문에 어른과 어린이가 구별이 있고, 안방에 예가 있기 때문에 삼족三族이 화목하며, 조정朝廷에 예가 있기 때문에 벼슬의 차례가 있고, 사냥하는 데 예가 있기 때문에 군대의 일이 익숙해지며, 군대에 예가 있기 때문에 무공武功이 이루어진다."

子曰 居家有禮 故長幼辨 閨門有禮 故三族和 朝廷有禮 故官爵序
자 왈 거 가 유 례 고 장 유 변 규 문 유 례 고 삼 족 화 조 정 유 례 고 관 작 서
田獵有禮 故戎事閑 軍旅有禮 故武功成
전 렵 유 례 고 융 사 한 군 려 유 례 고 무 공 성

【평설】이 글은 『예기』禮記 「중니연거」仲尼燕居와 『공자가어』 「논예」論禮에 비슷한 내용이 보인다. 최진석 교수는 "예는 사회가 모두 따라야 할 보편적 기준이다. 이 기준을 삶 속에서 실현하는 것이 공자가 건설하려고 했던 '인간의 길'이라 했다. 모든 일과 관계를 지탱하는 힘은 예에 있다. 예가 느슨해지고 허물어지면 일과 관계가 돈독해지는 것이 아니라, 위태로워지게 된다.

2

공자가 말하였다.

"군자가 용기만 있고 예가 없으면 세상을 어지럽히고, 소인이 용기만 있고 예가 없으면 도둑질을 한다."

子曰 君子有勇而無禮 爲亂 小人有勇而無禮 爲盜
자 왈 군 자 유 용 이 무 례 위 란 소 인 유 용 이 무 례 위 도

【평설】『논어』「태백」泰伯에 "용기만 있고 예가 없으면 세상을 어지럽힌다"라 나오고, 『논어』「양화」陽貨에 "자로가 여쭈었다. '군자는 용기를 숭상합니까?' 공자께서 말씀하셨다. '군자는 의로움을 최상으로 여긴다. 군자가 용기만 있고 의로움이 없으면 난을 일으키고, 소인이 용기만 있고 의로움이 없으면 도적질을 하게 된다."라 나온다.

넬슨 만델라는 말했다. "용기 있는 사람은 두려움을 느끼지 않는 사람이 아니라 두려움을 정복하고 압도하여 뛰어넘는 사람이다." 용기가 없다면 삶은 비겁해질 수밖에 없고, 비겁한 삶이란 나와 남 모두를 속이는 일이다. 그렇지만 예와 의로움을 바탕으로 하지 않는 용기란 위태롭기 짝이 없다. 군자는 난리를 일으키고 소인은 도둑놈이 된다.

3

증자曾子가 말하였다.

"조정에는 벼슬만 한 것이 없고, 고을에는 나이만 한 것이 없으며,

세상을 도와 백성을 다스리는 데는 덕만 한 것이 없다."

曾子曰 朝廷 莫如爵 鄕黨 莫如齒 輔世長民 莫如德
증 자 왈 조 정 막 여 작 향 당 막 여 치 보 세 장 민 막 여 덕

【평설】 이 글은 『맹자』「공손추 하」公孫丑下에 나온다. 맹자가 천하에 공

통적으로 높여야 할 세 가지 것으로 벼슬과 나이와 덕성을 들었으니, 이

세 가지를 흔히 삼달존三達尊이라 한다. 맹자가 벼슬을 가지고 있어도 나

이가 많거나 덕을 지닌 사람을 무시해서는 안 된다고 말한 것이다.

한국 사회에서는 이 중에 유독 나이를 우위에 두었다. 요즘은 차츰 사라

지고 있는 풍경이지만 모르는 사람들끼리도 나이를 들먹이며 다투기도

했다. 나이 자체가 덕성과 지혜를 담보하지 않으며 무조건적인 존중의

대상일 수는 없다. 오늘날 세상에서 높임을 받아야 할 것이 무엇이 있는

지 한번쯤 다시 생각할 때가 되었다.

4

늙은이와 젊은이, 어른과 어린이는 하늘이 나눈 차례이니, 이치를 어긋나고 도道를 해쳐서는 안 된다.

老少長幼 天分秩序 不可悖理而傷道也
노 소 장 유 천 분 질 서 불 가 패 리 이 상 도 야

【평설】 연장자와 연하자, 어른과 아이의 구분이야말로 삶의 질서를 나누는 가장 확실한 기준이 된다. 이러한 기본적인 삶의 질서가 흔들리면 다른 모든 질서도 따라서 흔들리기 마련이다. 노소와 장유의 구분이 모호해져 가고 사라지는 것이 평등의 구현이 아니라 도덕의 붕괴일 수 있음도 생각해야 한다.

5

❧

문을 나갔을 때에는 큰손님을 뵙는 듯이 하고, 방으로 들어갔을
때는 다른 사람이 있는 듯이 하라.

出門 如見大賓 入室 如有人
출 문 여 견 대 빈 입 실 여 유 인

【평설】 이 글의 앞부분인 "출문여견대빈"은 『논어』「안연顔淵」에 나온다.
집 밖을 나가서는 어려운 손님을 만나는 것처럼 조심스럽게 처신하고,
집 안에 들어와서는 다른 사람이 있는 것처럼 함부로 행동하지 않아야
한다. 집을 나가든 들어오든 남들이 있든 없든 조심스럽게 처신하고 행
동해야 함을 당부한 말이다.

6

만약 남이 나를 소중히 여기기를 바란다면 내가 먼저 남을 소중히 여기는 것보다 나은 것이 없다.

若要人重我 無過我重人
약 요 인 중 아 무 과 아 중 인

【평설】 자신만을 소중하게 여기는 사람을 아무도 소중하게 여기지 않는다. 그렇기 때문에 내가 남에게 소중한 대접을 받고 싶다면 먼저 남을 소중하게 대접하는 법을 배워야 한다. 곧 내가 남을 대접하지 않는다면 절대로 남도 나를 대접하지 않는다. 이 평범한 진리를 사람들은 종종 잊고 지낸다. 남과 관련된 모든 문제는 다 여기서 벗어나지 않는다. 곧 나 자신을 위주로 생각하고 나를 위하여 행동하는 것은 본능이다. 하지만 여기서 머무른다면 성인이지만 아이와 다를 바 없다. 아이와 같은 사람은 아무도 존경하지 않는다.

아버지는 아들의 좋은 점을 말하지 않으며, 자식은 아버지의 허물을 말하지 않아야 한다.

父不言子之德 子不談父之過
부 불 언 자 지 덕 자 부 담 부 지 과

【평설】 자신의 아이 칭찬은 남들에게 하지 않아야 한다. 섣부른 아이 칭찬은 아이에게 독이 되는 법이다. 아이는 제가 잘난 줄 알고 독불장군에 안하무인이 되기 쉽다.

제 아이는 낮추고 남의 아이는 높여야 한다. 옛날부터 제 아이는 견자犬子(개의 새끼란 의미)라고 낮춰 불렀다. 무엇보다도 내 아이에 대해 남들은 관심이 없다.

자식은 부모의 허물을 밖에 나가 떠벌리지 않아야 한다. 『논어』「자로」子路에 "아버지는 자식을 위하여 숨겨 주고 자식은 아버지를 위하여 숨겨 주니, 정직함이 이 가운데 들어 있다"라고 하였다. 현실적으로 제 부모 욕을 해보아야 남들에게 잠시 위로를 받을 수 있을지언정, 결국 제 얼굴에 침 뱉는 일에 지나지 않는다.

결국 가족 이야기는 칭찬이든 비난이든 남에게 할 필요가 없다는 말이다. 칭찬은 비아냥거림을 부르고 비난은 허점을 노출시키는 꼴이 된다. 가족의 이야기는 제 가슴속에 묻을 수밖에 없다. 그래서 가족은 자신 혼

자 감당해야 하며 어디서든 위로받을 수 없기에 더 아픈 이름이다.

말조심을
해야 한다

1

유회劉會가 말하였다. "말이 이치에 맞지 않으면, 말하지 않는 것이 더 낫다."

劉會曰 言不中理 不如不言
유 회 왈 언 부 중 리 불 여 불 언

【평설】 말 같지 않은 말은 아예 꺼내지 않아야 한다. 말은 안 해서 문제가 될 때보다, 말해서 문제가 될 때가 더 많다. 입을 닫고 침묵을 즐겨라.

2

한 마디 말이 이치에 맞지 않으면, 천 마디 말도 쓸 데가 없다.

一言不中 千語無用
일 언 부 중 천 어 무 용

【평설】 이치에 맞지 않는 말을 한 마디라도 하면, 그 후에 하는 수많은 말들은 믿음을 주지 못하기 마련이다. 그러니 말 한 마디마다 신중하게 말할 필요가 있다. 당장 아무 말이나 내뱉어 상대의 환심을 사기보다는, 시간은 더디지만 진심이 담긴 믿음직한 말을 해서 상대의 마음을 얻어야 한다.

3

❦

군평君平이 말하였다. "입과 혀는 재앙과 환란의 문이요, 몸을 망치는 도끼이다."

君平曰 口舌者 禍患之門 滅身之斧也
군 평 왈 구 설 자 화 환 지 문 멸 신 지 부 야

【평설】 군평君平은 한漢나라 때의 은사隱士인 엄준嚴遵의 자이다. 그는 일찍부터 벼슬을 포기하고 성도成都에 은거하면서 복서卜筮를 업으로 삼고 살다가 일생을 마쳤다. 일사逸士의 전형으로 자주 인용된다.

자신에게 벌어지는 많은 재앙이 말 때문에 일어난다. 이 말 저 말 하다 보면 자연스레 쓸데없는 말도 많아진다. 그러다 보면 자신의 부주의한 말이 나쁜 일의 빌미를 제공하는 것이다. 남들에 대해 이런 이야기까지 돌까 싶은 이야기가 나오는 것을 들을 때가 있다. 그건 내 이야기도 남들에게 이렇게 돌 수 있다는 뜻이다. 믿는 사람이라고 할 말 못할 말 다 말해서는 곤란하다. 그 사람을 못 믿어서가 아니라 말 자체를 믿을 수 없기 때문이다.

4

사람을 이롭게 하는 말은 솜처럼 따뜻하고, 사람에게 상처 주는 말은 가시처럼 날카로워서, 남을 이롭게 하는 한 마디 말은 소중한 것이 천금과 같고, 남에게 상처 주는 한 마디 말은 아프기가 칼로 베는 것과 같다.

利人之言 煖如綿絮 傷人之語 利如荊棘 一言利人 重値千金
이 인 지 언 난 여 면 서 상 인 지 어 이 여 형 극 일 언 리 인 중 치 천 금

一語傷人 痛如刀割
일 어 상 인 통 여 도 할

【평설】 한 마디 말로 인해 따뜻한 사람으로도 모진 사람으로도 평생 기억될 수 있다. 적어도 따스한 말을 하지는 못할지언정 모진 말은 하지 말아야 한다. 내가 겪었던 아픔과 상처를 기억하면서 상대에게 일어난 일과 사정에 대해 깊이 공감해야 한다. 공감의 정도가 인격의 정도를 말해준다. 어설픈 관심으로 아무 말이나 내뱉는 것보다는 차라리 무관심이 낫다. 몸에 남은 상처는 세월이 지나면 사라지지만 말로 인해 생긴 상처는 세월 속에 오히려 커질 수도 있다.

5

입은 사람을 다치게 하는 도끼요 말은 혀를 베는 칼이니, 입을 막고 혀를 깊숙하게 감추면 몸이 편안하여 어디서나 굳건하리라.

口是傷人斧 言是割舌刀 閉口深藏舌 安身處處牢
구 시 상 인 부 언 시 할 설 도 폐 구 심 장 설 안 신 처 처 뢰

【평설】 풍도馮道는 다섯 왕조에 걸쳐 여덟 개의 성을 가진 열한 명의 임금을 섬길 정도로 처세에 능한 인물이었다. 그는 이름난 재상으로 73세의 장수를 누렸다. 세상살이에 있어서 입이 화근禍根임을 깨닫고 「혀」[舌]라는 시를 지었는데 위의 내용과 유사하다. "입은 재앙을 불러들이는 문이고 혀는 몸을 베는 칼이다. 입을 막고 혀를 깊숙하게 감추면 몸이 편안하여 어디서나 굳건하리라." 또 『연산군일기』 52권 연산 10년조에 따르면 연산군이 환관들에게 차게 한 신언패慎言牌에도 풍도의 시가 사용되었다고 한다.

6

사람을 만나서 이야기할 때는 우선 3할 정도만 말하고 자신의 속
마음을 전부 털어놓아서는 안 되니, 세 개의 입을 가진 호랑이를
두려워 말고, 다만 사람의 두 마음을 두려워하라.

逢人且說三分話 未可全抛一片心 不怕虎生三個口 只恐人情兩樣心
봉 인 차 설 삼 분 화 미 가 전 포 일 편 심 불 파 호 생 삼 개 구 지 공 인 정 량 양 심

【평설】 앞부분의 14자는 명明나라 풍몽룡馮夢龍의 『경세통언』警世通言 제
32권에 나온다. 할 말 못할 말 다 털어놓는 것이 가장 친밀함을 의미하지
는 않는다. 아무리 친한 사람이라도 자신의 이야기를 정도껏 털어놓는
것이 좋다.

세 개의 입을 가진 호랑이는 책에 따라 세 마리의 호랑이나 세 번 으르렁
거리는 호랑이 등으로 해석한 경우도 있다. 사람의 관계도 유효기간이
있어서 늘 한결같지는 않다. 한때 친밀했다고 다른 때도 친밀함이 그대
로 유지되는 법은 없다. 또 나의 친밀함과 상대의 친밀함이 다를 수도 있
다. 말은 현재의 관계만 생각하고 꺼낼 것이 아니라 미래의 관계도 함께
생각하고 꺼내야 한다.

꿈

술은 친한 친구를 만나면 천 잔도 적을 것이나, 말은 마음이 맞지 않으면 한 마디도 많다.

酒逢知己千鍾少 話不投機一句多
주 봉 지 기 천 종 소 화 불 투 기 일 구 다

【평설】 친한 친구와 만나서 술잔을 기울이면 아무리 술을 많이 먹는다 해도 술이 부족하지만, 마음이 안 맞는 사람과 만나게 되면 한 마디 말도 나누기가 껄끄럽다. 화불투기話不投機에 대하여 적절한 시점이나 기회로 해석한 책이 많으나, 마음이 맞지 않는 것으로 해석하는 것이 온당하다.

19부.
교우편 交友篇

친구를
사귀는 법

1

공자가 말하였다. "착한 사람과 함께 지내게 되면 지초芝草와 난초蘭草가 있는 방안에 들어간 것과 같아서 오래 있다 보면 그 향기를 맡지 못하나 곧 그 향기와 같아지고, 착하지 못한 사람과 함께 지내게 되면 생선 가게에 들어간 것과 같아서 오래 있다 보면 그 비린내를 맡지 못하나 또한 그 냄새와 같아지게 된다. 붉은 단사丹砂를 몸에 지니면 붉어지고 검은 옻을 몸에 지니면 검어진다. 그러므로 군자君子는 반드시 함께 지내는 자를 신중히 해야 한다."

子曰 與善人居 如入芝蘭之室 久而不聞其香 卽與之化矣 與不善人居
자 왈 여 선 인 거 여 입 지 란 지 실 구 이 불 문 기 향 즉 여 지 화 의 여 불 선 인 거

如入鮑魚之肆 久而不聞其臭 亦與之化矣 丹之所藏者 赤 漆之所藏者
여 입 포 어 지 사 구 이 불 문 기 취 역 여 지 화 의 단 지 소 장 자 적 칠 지 소 장 자

黑 是以 君子 必愼其所與處者焉
흑 시 이 군 자 필 신 기 소 여 처 자 언

【평설】 이 글은 『공자가어』「육본」六本에 나온다. 사람은 사람에게 영향을 받을 수밖에 없는 존재다. 착한 사람이나 착하지 않은 사람과 함께 오래 지나다 보면, 자신도 모르는 사이에 선악의 영향을 받게 된다. 그러니 어떤 사람과 지내는지가 중요하다. 사람을 가리지 않고 만나는 것은 위험한 일이다. 좋은 사람 곁에는 좋은 사람들이 많다. 어떤 사람인지 파악하는 가장 확실한 방법으로는 그의 주변 사람들이 어떤 사람인가를 살펴보면 된다.

지란芝蘭은 지초芝草와 난초蘭草같이 좋은 향기가 나는 풀을 가리킨다. 이런 향기로운 풀과 같은 사귐을 '지란지교'芝蘭之交라고 한다. 유안진의 「지란지교를 꿈꾸며」에는 "비 오는 오후나, 눈 내리는 밤에도 고무신을 끌고 찾아가도 좋을 친구, 밤 늦도록 공허한 마음도 마음 놓고 열어 보일 수 있고 악의 없이 남의 얘기를 주고받고 나서도 말이 날까 걱정되지 않는 친구가(……)"라 나온다. 좋은 사람과 함께 만나고 지낼 수 있다는 것은 참 좋은 일이다.

『가어』에 말하였다. "좋은 사람과 함께 가면 마치 안개와 이슬 속을 가는 것과 같아서 비록 옷은 젖지 않더라도 때때로 촉촉함이 있게 되고, 무식한 사람과 함께 가면 마치 뒷간에 앉아 있는 것 같아서 비록 옷은 더럽혀지지 않더라도 때때로 그 악취를 맡게 된다."

家語云 與好人同行 如霧露中行 雖不濕衣 時時有潤 與無識人同行
가 어 운 여 호 인 동 행 여 무 로 중 행 수 불 습 의 시 시 유 윤 여 무 식 인 동 행

如厠中坐 雖不汚衣 時時聞臭
여 측 중 좌 수 불 오 의 시 시 문 취

【평설】 앞서의 글과 대동소이한 내용을 담고 있다. 어떤 사람과 함께 지내다 보면 갑작스럽게 영향을 받지야 않겠지만 서서히 자신도 모르게 변화하게 된다는 말이다. 좋은 영향을 줄 수 있는 사람을 만나야 상대도 나도 계발될 수 있다.

3

공자가 말하였다. "안평중晏平仲은 남과 잘 사귀었던 사람이다. 시간이 오래되어도 상대방을 공경하는구나."

子曰 晏平仲 善與人交 久而敬之
자 왈 안 평 중 선 여 인 교 구 이 경 지

【평설】 이 글은 『논어』 「공야장公冶長」에 나온다. 평중平仲은 춘추 시대 제齊나라의 명상名相인 안영晏嬰의 자이다. 그는 검소하여 여우 갖옷 한 벌을 30년이나 입었다 한다.

친해진다는 것이 상대방에게 함부로 대해도 이해받을 수 있음을 의미하지 않는다. 우리는 흔히 친밀함이 무례함을 허용하는 것이라 착각한다. 오래되어도 서로 지켜야 할 선을 넘지 않아야 그 사람과의 관계를 지속시킬 수 있다. 오랜 세월을 함께했어도 상대방을 공경하고 존중하는 태도는 진정으로 상대방에 대한 우의友誼와 애정이 있어야 가능하다.

4

얼굴을 알고 있는 사람은 세상에 수두룩하지만 마음을 알아주는
사람이 몇이나 될까?

相識滿天下 知心能幾人
상 식 만 천 하 지 심 능 기 인

【평설】 이 글은 『증광현문』과 『경세통언』에 나온다. 〈벌새〉(2018)라는
영화에서 이 말을 인용하는 장면이 등장한다. 얼굴을 알아본다고 안다고
할 수가 없고, 마음을 알아보아야 안다고 할 수가 있다. 모두에게 마음을
알아 달라 요구하기는 힘들지만, 그렇다고 마음을 알아주는 사람이 아무
도 없는 것도 슬픈 일이다.

5

술이나 음식을 함께할 때 형제 같은 사람은 천 명이나 있지만, 급하고 어려울 때 도와줄 친구는 한 명도 없다.

酒食兄弟千個有 急難之朋一個無
주 식 형 제 천 개 유 급 난 지 붕 일 개 무

【평설】 이 글은 『증광현문』에 나오는데, 내용은 약간 다르다. 핸드폰을 열어 보면 수많은 사람들의 이름이 저장되어 있다. 그 안에 정말로 내가 선뜻 통화할 수 있는 사람들은 얼마나 될까? 웃고 떠들며 놀 수 있는 사람은 금세 얻을 수도 있고 숫자도 많지만, 정작 급하고 어려운 일이 닥칠 때 내 곁에 남아 있을 사람은 많지 않다. 인디언들은 "친구란 내 슬픔을 등에 지고 가는 자"라고 한다. 상대가 나에게 어떤 의미의 사람인지 검증되는 순간은 기쁘고 즐거울 때보다 슬프고 어려울 때에 있기 마련이다.

열매를 맺지 않는 꽃은 심지 말고, 의리 없는 친구는 사귀지 말라.

不結子花 休要種 無義之朋 不可交
불 결 자 화 휴 요 종 무 의 지 붕 불 가 교

【평설】 열매를 맺지 않는 꽃이 아무짝에도 쓸모없는 것처럼, 의리 없는 친구도 사귈 필요가 없다. 의리 없는 친구는 진정한 친구가 아니다. 의리란 마초적인 구태가 아니라 상대의 조건에 따라 휘둘리지 않는 마음이다. 또, 의리는 지속성에 의해 검증된다. 짧은 시간이야 상대에게 누군들 잘하지 못하겠는가. 세월이 흘러서 처지가 바뀌어도 상대에 대해 변하지 않는 마음이다.

7

군자의 사귐은 물처럼 담박하고, 소인의 사귐은 단술처럼 달콤하다.

君子之交 淡如水 小人之交 甘若醴
군 자 지 교 담 여 수 소 인 지 교 감 약 례

【평설】 이 글은『장자』「산목」山木에 나온다. 군자들의 만남은 의외로 순수하고 그닥 친밀해 보이지 않는다. 그러나 소인들의 만남은 불순하고 아주 끈적끈적하다. 진짜는 의외로 심심해 보이는 법이다. 유명한 음식점에 가 보면 음식 맛이 의외로 심심하고 자극적이지 않지만 집에 돌아오면 그 맛이 계속 생각난다. 사람의 만남도 이와 다르지 않다.

군자의 만남은 우정의 깊이를 확인하지 않지만, 소인의 만남은 우정의 깊이를 끊임없이 확인한다. 또, 군자의 만남은 서로의 선을 잘 지켜서 침범하지 않지만 소인의 만남은 서로 지켜야 할 선을 넘나든다.

8

먼 길을 가 봐야 말의 힘을 알 수 있고, 알고 지낸 날이 오래되어
야 사람의 마음을 알 수 있다.

路遙知馬力 日久見人心
노 요 지 마 력 일 구 견 인 심

【평설】 이 글은 원元나라 무명씨無名氏의 『쟁보은』爭報恩에 나온다. 짧은
거리와 시간에서는 어떤 누구라도 별반 차이가 없다. 말의 능력이 먼 길
을 가는 데에서 검증되는 것처럼 사람의 마음도 오랜 시간 속에 검증된
다. 사람은 좋을 때와 나쁠 때를 다 겪어 봐야 상대의 진면목을 엿볼 수
있는 법이다. 그래서 조지 워싱턴은 "우정은 느리게 자라는 나무와 같다"
라는 말을 남겼다.

훌륭한
부인이
되는 법

1

❧

『익지서』에 말하였다.

"여자에게는 칭찬받을 네 가지 덕이 있으니, 첫째 여자로서의 덕
[婦德]이요, 둘째 여자로서의 얼굴표정[婦容]이요, 셋째 여자로서의
말씨[婦言]요, 넷째 여자로서의 솜씨[婦工]이다."

益智書云 女有四德之譽 一曰婦德 二曰婦容 三曰婦言 四曰婦工也
익 지 서 운 여 유 사 덕 지 예 일 왈 부 덕 이 왈 부 용 삼 왈 부 언 사 왈 부 공 야

【평설】 흔히 여성이 갖추어야 할 덕목으로 맵시, 솜씨, 말씨, 마음씨를
들곤 한다. 위에서 언급한 것은 덕성, 용모, 말씨, 솜씨 등을 들었다. 이
네 가지에 대해서는 다음 항목에서 하나하나 설명하고 있어 따로 설명하
지 않는다. 이 편에 해당하는 내용이 요즘 세상에 맞지 않는 것도 있다.
또 여성에게 특정한 덕목을 요구하는 것도 바람직하지 않다. 그러나 현
재에도 여전히 유효한 이야기도 없지 않으니 취할 것만 새겨들으면 큰
문제는 없어 보인다.

2

⁑

부덕婦德이란 꼭 재주나 명성이 뛰어나라는 것이 아니요, 부용婦容

이란 꼭 얼굴이 아름답고 고와야 한다는 것이 아니요, 부언婦言은

꼭 입담이 좋거나 말을 잘해야 한다는 것이 아니요, 부공婦工은 꼭

손재주가 남보다 뛰어나야 한다는 것이 아니다.

婦德者 不必才名絶異 婦容者 不必顔色美麗 婦言者 不必辯口利詞
부 덕 자 불 필 재 명 절 이 부 용 자 불 필 안 색 미 려 부 언 자 불 필 변 구 리 사

婦工者 不必技巧過人也
부 공 자 불 필 기 교 과 인 야

【평설】 여자의 사덕四德이 통상 우리가 일반적으로 생각하는 수준의 의

미가 아니라는 것을 분명히 밝혔다. 사덕에 대한 구체적인 설명은 아래

의 항목에 자세히 나온다.

3

그 부덕婦德이란 맑고 곧고 염치 있고 절개가 있어 분수를 지키고 매무새를 바르게 하여 행동거지에 부끄러움이 있고 동정動靜에 법도가 있는 것이니, 이것이 부덕이라고 한다.

부용婦容이란 먼지나 때를 빨아서 옷차림을 깨끗하게 하고, 제때에 목욕을 하여 온몸에 더러운 것이 없게 하는 것이니, 이것이 부용이라고 한다.

부언婦言이란 모범이 될 만한 것을 가려서 말하여 예의에 맞지 않는 말은 하지 않고, 말해야 할 때가 된 뒤에 말해서 사람들이 그의 말을 싫어하지 않는 것이니, 이것이 부언이라고 한다.

부공婦工이란 오로지 길쌈에 매달리고 냄새나는 채소와 술을 좋아하지 않으며, 맛있는 음식을 차려서 손님을 받드는 것이니, 이것이 부공이라고 한다.

其婦德者 淸貞廉節 守分整齊 行止有恥 動靜有法 此爲婦德也
기 부 덕 자 청 정 염 절 수 분 정 제 행 지 유 치 동 정 유 법 차 위 부 덕 야

婦容者 洗浣塵垢 衣服鮮潔 沐浴及時 一身無穢 此爲婦容也
부 용 자 세 완 진 구 의 복 선 결 목 욕 급 시 일 신 무 예 차 위 부 용 야

婦言者 擇師而說 不談非禮 時然後言 人不厭其言 此爲婦言也
부 언 자 택 사 이 설 부 담 비 례 시 연 후 언 인 불 염 기 언 차 위 부 언 야

婦工者 專勤紡績 勿好葷酒 供具甘旨 以奉賓客 此爲婦工也
부 공 자 전 근 방 적 물 호 훈 주 공 구 감 지 이 봉 빈 객 차 위 부 공 야

【평설】 여자의 사덕에 대한 구체적인 내용을 나열했다. 본문에 상세히

설명이 나와 있으므로 따로 덧붙이지는 않는다.

4

이 네 가지 덕은 부인이 하나도 빠트릴 수는 없는 것이니 행하기

가 매우 쉽고 힘쓰는 것은 바르게 하는 데 있으니, 이것에 의거하

여 행한다면 이것이 부인의 범절이 된다.

此四德者 是婦人之所不可缺者 爲之甚易 務之在正 依此而行
차 사 덕 자 시 부 인 지 소 불 가 결 자 위 지 심 이 무 지 재 정 의 차 이 행

是爲婦節
시 위 부 절

【평설】 부인이 이 네 가지 덕에 의거해서 행동하면 자연스레 부인의 범

절이 됨을 말했다.

5

太

태공이 말했다. "부인의 예절은 말소리가 반드시 작게 해야 한다."

太公曰 婦人之禮 語必細
태 공 왈 부 인 지 례 어 필 세

【평설】 말소리가 크다는 것은 자기주장이 강하다는 말이 된다. 부인이

자기주장이 강하면 집안의 화목을 깨뜨릴 수 있다는 의미다. 현재의 의

미로 보면 부인만 조심할 것이 아니라 부부가 모두 조심해야 한다. 부부

는 어느 쪽이든 자기주장이 강하면 안 된다.

6

어진 아내는 남편을 귀하게 만들고, 간악한 아내는 남편을 천하게 한다.

賢婦 令夫貴 佞婦 令夫賤
현 부 영 부 귀 영 부 영 부 천

【평설】 어떤 배우자를 만나느냐에 따라 운명이 바뀐다. 특히 남자가 어떤 여자를 만나느냐에 따라 귀한 인물도 천한 인물도 될 수 있다. 그만큼 부인이 남편의 사회적 성취와 성공에 큰 영향을 미치기 마련이다. 옛날 광고에 "남자는 여자하기 나름이에요"라는 것도 이와 맥을 같이한다.

이와 관련된 유명한 일화를 소개한다. 빌 클린턴과 힐러리 클린턴이 자동차에 기름을 넣으려고 주유소에 들렀다. 마침 주유소 사장이 힐러리 클린턴의 옛 애인이었다. 빌 클린턴이 말했다. "당신 결혼 잘한 줄 알아. 날 만나 영부인이 되었잖아"라고 말했다. 힐러리가 대꾸했다. "내가 저 사람(주유소 사장)과 결혼했다면 저 이가 대통령 됐을걸요." 어떤 부인을 만나느냐에 따라 대통령이 될 수도 있고 주유소 사장이 될 수도 있다.

7

집에 어진 아내가 있으면 그 남편이 뜻밖의 재앙을 당하지 않는다.

家有賢妻 夫不遭橫禍
가 유 현 처 　부 부 조 횡 화

【평설】 부부는 한 방을 쓰는 가장 좋은 친구다. 좋은 아내는 가장 가까운 거리에서 남편이 어떤 사안에 대해 올바른 판단을 할 수 있게 충고를 해준다. 그런 충고를 잘 듣다 보면 바깥에서 함부로 처신하여 예기치 않는 화를 당하는 것을 사전에 막게 된다.

8

어진 부인은 가까운 가족을 화목하게 하고, 간악한 부인은 가까운 가족의 화목을 깨뜨린다.

賢婦 和六親 佞婦 破六親
현 부 화 육 친 영 부 파 육 친

【평설】 이 글은 가족 관계에서 일어난 파탄의 책임을 여자한테 모두 전가시키는 것이 아니고, 그만큼 여자가 가족 관계에서 중요한 역할을 한다는 의미로 해석할 수 있다.